Dorothea Weltecke
Minderheiten und Mehrheiten

Das mittelalterliche Jahrtausend

Im Auftrag der
Berlin-Brandenburgischen
Akademie der Wissenschaften

Herausgegeben von
Michael Borgolte

Band 6

Dorothea Weltecke

Minderheiten und Mehrheiten

Erkundungen religiöser Komplexität
im mittelalterlichen Afro-Eurasien

DE GRUYTER

ISBN 978-3-11-068923-5
e-ISBN (PDF) 978-3-11-069136-8
e-ISBN (EPUB) 978-3-11-069139-9

Library of Congress Control Number: 2019957929

Bibliografische Information der Deutschen Nationalbibliothek
Die Deutsche Nationalbibliothek verzeichnet diese Publikation in der Deutschen National-
bibliografie; detaillierte bibliografische Daten sind im Internet über
http://dnb.dnb.de abrufbar.

© 2020 Walter de Gruyter GmbH, Berlin/Boston
Umschlagabbildung: Doppelscheuer, 1. H. 14. Jh., Musée Unterlinden, orf. 4,
mit freundlicher Genehmigung
Druck und Bindung: CPI books GmbH, Leck

www.degruyter.com

Vorwort

Den achten Vortrag der Reihe „Das mittelalterliche Jahrtausend" hielt am 5. März 2019 im Leibniz-Saal der Berlin-Brandenburgischen Akademie der Wissenschaften endlich eine Frau. Diese Wahl war aber nicht quotenbedingt – und dies wäre ja auch viel zu spät–, sondern ausschließlich durch die hohe wissenschaftliche Reputation der Rednerin. Prof. Weltecke gilt als führende deutsche Mediävistin auf dem Gebiet religiöser Diversitäten, vor allem im Rahmen der Christenheit selbst, und als exzellente Expertin des späteren Mittelalters.

Akademie und interessierte Öffentlichkeit waren erfreut, dass Dorothea Weltecke ihren Vortrag aus dem Bereich ihrer jüngeren Arbeiten gewählt hat. Kolleginnen und Kollegen sowie das wiederum zahlreich erschienene Publikum im Ganzen haben die Gelegenheit zu einer engagierten Diskussion genutzt. Welteckes Forderung, die multireligiösen Welten des Mittelalters ernst zu nehmen und in unser Geschichtsbild zu integrieren, wird weit über den Tag hinaus anregend wirken.

Deshalb bin ich der Referentin und dem Verlag De Gruyter, hier besonders Dr. Elisabeth Kempf, Maria Zucker und Robert Forke, sehr dankbar, dass wir den Vortrag mit wissenschaftlichem Anmerkungsapparat wieder in dieser inzwischen renommierten Reihe veröffentlichen dürfen.

Wir setzen die 2012 begonnene Serie der Jahresvorträge fort und arbeiten weiter an einem Bild des mittelalterlichen Jahrtausends im Zeichen globaler Entgrenzung.

Berlin, im November 2019   Michael Borgolte

Einleitung

In der öffentlichen Debatte erscheinen die monotheistischen Religionen seit langem als Ursache von Gewalt und religiöser Intoleranz.[1] Welche Religion dabei als die gewalttätigste ausgemacht wird, unterliegt einer politischen Dynamik. In den letzten 20 Jahren wirkte sie sich zuungunsten einer pauschal als „der Islam" bezeichneten Tradition aus. Zuvor hatte lange die ebenso pauschalisierte „die Kirche" die Position des fanatischen Tyrannen inne. Entsprechend konnte noch in der Aufklärung durchaus „der Islam" zum Symbol der religiösen Toleranz erhoben werden oder wird „das Christentum" jetzt zur Chiffre für Demokratie. Das „Mittelalter" als Topos historischer Selbstvergewisserung erscheint im einen wie im anderen Fall als Widerlager für die Konstruktion moderner Ideale, entweder als verlorenes Paradies oder als eine dunkle Höhle des religiösen Fanatismus. Extreme rechte und islamistische Strömungen nutzen die weit verbreitete Annahme für ihre Politik, dass gegenwärtige Erfahrungen religiöser Komplexität eine neuartige Erscheinung seien, die den vermeintlich ursprünglichen Zustand entstellt hätten. Auch in ihrer politischen und militärischen Sprache bedienen sie sich offen der Gewaltgeschichte und der religiösen Polemik der mittelalterlichen Jahrhunderte.

Es scheint daher angebracht daran zu erinnern, dass andere religiöse Gruppen in den christlichen und islamischen Herrschaftsgebieten Eurasiens in den mittelalterlichen Jahrhunderten durchaus geduldet wurden. Tatsächlich scheint die monoreligiöse Konstellation mancher Regionen als erklärungsbedürftige Ausnahme. Allerdings war dieses Zusammenleben nicht harmonisch, war dies kein goldenes Zeitalter. In welchem Verhältnis dabei religiöse Abgrenzung, Gewalt und soziale und kulturelle Verflechtung standen, wird seit einigen Jahrzehnten in zahlreichen Detailstudien intensiv erforscht. Diese widerlegen nicht selten überkommene Vorannahmen und historische Theorien. Wie sich dieses Zusammenleben auf die Geschichte in Afro-Eurasien oder auf die Geschichte der Religionen insgesamt auswirkte, ist heute noch nicht abzusehen. Wenn es gelänge, die historische Dynamik und die Widersprüche darzustellen, wenn die Offenheit der Geschichte und die Dialektik der Alternativen das historische Narrativ bestimmten, könnte Geschichtsschreibung vom Mittelalter aufklärerisch bleiben.

Dieses sehr lebhaft bearbeitete Forschungsfeld zum Zusammenleben verschiedener religiöser Gruppen in den mittelalterlichen Jahrhunderten Afro-Eurasiens möchte ich aus meiner Sicht skizzieren, Forschungsfragen vorstellen und Systematisierungsansätze diskutieren.

---

1 Jörg Feuchter sei für kritische Lektüre und wertvolle Hinweise gedankt, Jörn Christophersen, Bernd A. Vest und Erik Barbe ebenfalls sowie für ihre Redaktionsarbeit an Text und Fußnoten.

Historische Forschung und die Vorstellung vom Mittelalter

Beim Besuch im Germanischen Nationalmuseum in Nürnberg sucht man in der Ausstellung zur mittelalterlichen Geschichte vergeblich nach Juden. Nur im Kreuzgang, in der Abteilung „Grabmale" im Bereich der Ausstellung zur Kunst des Spätmittelalters, ist einer der im Besitz des Museums befindlichen Grabsteine ausgestellt.[2] Zwar wurde die Ausstellung erneuert und beschrieben. Dies ging mit einer gründlichen Reflexion des kultur- und nationalhistorischen Anspruches der Sammlung[3] und des Mittelalterkonzeptes einher. Auch eine große Ausstellung mit wissenschaftlichem Programm zur jüdischen Geschichte Bayerns fand im Museum von 1988 bis 1989 statt.[4] Es gibt auch 150 Judaica in der Nürnberger Sammlung. Sie kamen seit dem frühen 20. Jahrhundert zunächst auf Initiative jüdischer Nürnberger und Nürnbergerinnen ins Museum.[5] Trotz der bedeutenden lokalen jüdischen Geschichte, trotz auch der aktiven Erforschung des Erbes der jüdischen Gemeinde in Nürnberg findet sich nichts davon in den systematischen Kapiteln der Ausstellung. Das Museum ist keine Ausnahme. Viele historische Überblickswerke deutscher Geschichte ließen sich hier nennen, in denen Juden bestenfalls als zusätzliches Kapitel, nicht jedoch in die narrative Struktur integriert erschei-

---

[2] Nürnberg, Germanisches Nationalmuseum, Inventarnummer Gd302: https://www.gnm.de/objekte/grabstein-der-jungfrau-sara-tochter-des-rabbi-baruch/ (21.8.2019). *Frank Matthias Kammel/Thomas Brehm/Claudia Selheim* (Hrsg.), Germanisches Nationalmuseum. Führer durch die Sammlungen. Nürnberg ²2017.
[3] *Thomas Brehm/Matthias Harmann* (Hrsg.), Was ist deutsch? Aspekte zum Selbstverständnis einer grübelnden Nation. Beiträge der Tagung im Germanischen Nationalmuseum am 20. und 21. Oktober 2005. (Wissenschaftliche Beibände zum Anzeiger des Germanischen Nationalmuseums, 26.) Nürnberg 2006; darin *Julius H. Schoeps*, Aspekte des christlich-jüdischen Verhältnisses, 82–85 und *Michael Wolffsohn*, Zur jüdischen Verkettung deutscher Identität, 123–127.
[4] *Bernward Deneke* (Hrsg.), Siehe der Stein schreit aus der Mauer. Geschichte und Kultur der Juden in Bayern. Eine Ausstellung, veranstaltet vom Germanischen Nationalmuseum und vom Haus der Bayerischen Geschichte im Germanischen Nationalmuseum Nürnberg, 25.10.1988–22.1.1989, I [Katalog]. (Ausstellungskataloge des Germanischen Nationalmuseums.) Nürnberg 1988; *Bernward Deneke* (Hrsg.), Dokumentation und Darstellung der Geschichte und Kultur der Juden im Museum. Referate der Arbeitstagung der Arbeitsgruppe Kulturgeschichtliche Museen in der Deutschen Gesellschaft für Volkskunde im Germanischen Nationalmuseum Nürnberg, 29.11.–1.12.1988. Nürnberg 1990.
[5] Germanisches Nationalmuseum. Sammlungen. Judaica, in: gnm.de (2019), https://www.gnm.de/sammlungen/sammlungen-a-z/judaica/ (21.8.2019), vgl. Siehe der Stein schreit aus der Mauer (wie Anm. 4).

nen. Ähnlich schlecht sind allerdings auch Nichtmuslime in der westlichen Islamwissenschaft und in der Geschichtsschreibung islamischer Länder integriert.

Die Ursache dafür ist weder im Mangel an Einzelforschung noch an geschichtswissenschaftlicher oder -politischer Programmatik zu suchen. Im Gegenteil, schon vor dem Beginn der modernen Geschichtswissenschaften setzten Aktivitäten ein, die im 19. und frühen 20. Jahrhundert systematisiert und akademisiert wurden. Jüdische Wissenschaftler und orientalische christliche Gelehrte rangen in Europa, in Amerika, im Osmanischen Reich und in der arabischsprachigen Welt um die Dokumentation und die Erforschung ihres kulturellen Erbes. Zu nennen seien etwa nur Personen wie Heinrich Graetz (1817–1891)[6] oder Addai Scher (1867–1915)[7], Isidor Kracauer (1852–1923)[8] oder Louis Cheikho (1859–1927).[9] Jüdische und christliche Wissenschaftler trugen eine Fülle von Material zusammen und entwickelten eigene historische Perspektiven und Periodisierungen. Sie forderten ihre historische Existenz in die historischen Narrative zu integrieren.[10] Dazu kommen die christliche Hebraistik und die theologische Kirchengeschichte der Frühen Neuzeit. Zwischen den Wissenschaftstraditionen gab und gibt es zahlreiche Verbindungen. Auch blickt die Erforschung hebräischer und aramäisch-syrischer Texte in Deutschland auf eine Geschichte von über 500 Jahren zurück. In der klassischen Moderne waren die deutsche Judaistik und die theologische Kirchengeschichte und Patristik international anerkannt.

Nach dem Terror der Nazidiktatur und ihrem Massenmord an den europäischen Juden setzte intensive Forschung ein, die sich erneut bemühte, die Geschichte der Juden in die mittelalterliche Geschichte Europas einzuarbeiten. Im

---

6 *Adolf Brüll*, Allgemeine Deutsche Biographie, Bd. 49. Leipzig 1904, 510–511, s. v. Graetz, Heinrich.
7 *George A. Kiraz/Sebastian P. Brock*, The Gorgias Encyclopedic Dictionary of the Syriac Heritage. Piscataway/NJ 2011, 361–362, s. v. Scher, Addai.
8 Zu Kracauer s. *David Schnur*, Die Juden in Frankfurt am Main und in der Wetterau im Mittelalter. Christlich-jüdische Beziehungen, Gemeinden, Recht und Wirtschaft von den Anfängen bis um 1400. (Schriften der Kommission für die Geschichte der Juden in Hessen, 30.) Wiesbaden 2017, 7–8.
9 *Louis S. J. Cheikho*, Catalogue des ouvrages publiés par les professeurs et les étudiants de l'Université Saint-Joseph de Beyrouth. Beirut 1925; *Hechaïmé, Camille, S. J.*, Louis Cheikho et son livre „Le christianisme et la littérature chrétienne en Arabie avant l'Islam". (Recherches publiées sous la direction de l'Institut de lettres orientales de Beyrouth, Série 2. Langue et littérature arabes, 38.) Beirut 1967.
10 Auf Deutsch zugänglich ist neuerdings die Antwort des syrisch-orthodoxen Pariarchen Barsaum auf die westliche Orientalistik: *Ignatios Aphrem I. Barsaum*, Geschichte der syrischen Wissenschaften und Literatur, aus dem Arab. von Amill Gorgis/Georg Toro. (Eichstätter Beiträge zum christlichen Orient, 2.) Wiesbaden 2012; siehe auch *Gabriele Yonan*, Journalismus bei den Assyrern. Ein Überblick von seinen Anfängen bis zur Gegenwart. (Gilgamesch, 1.) Berlin 1985.

deutschsprachigen Raum seien als Beispiel nur die Forschungen von František Graus (1921–1989),[11] Hans-Jörg Gilomen (*1945)[12] und Alfred Haverkamp (*1937) genannt. Sie weisen nach, dass eine allgemeine Geschichtswissenschaft der deutschen Lande nicht ohne Berücksichtigung der jüdischen Geschichte betrieben werden kann. Auch Spezialisten asiatischer Theologiegeschichte in Europa und Amerika setzten ihre Forschung über Christen in der islamischen Welt fort. Im arabischsprachigen Raum sei Samir Khalil Samir (*1938)[13] genannt. Er wirbt tatkräftig für die christliche Arabistik und für ein neues Verständnis der islamischen Welten, an der Muslime und Nichtmuslime gemeinsam Anteil hatten. Die Mediävistik und die Arabistik oder die Archäologie und die Kunstgeschichte in Israel oder dem Libanon sind als gewichtige Stimmen ebenfalls zu nennen.[14] Auch die öffentlichen Ansprüche und der gesellschaftliche Auftrag an historische Vermittlung hat sich inzwischen geändert: Heute gibt es Museen für jüdische Geschichte in Berlin, in Frankfurt am Main und in Wien. Trotzdem erscheint im Germanischen Nationalmuseum Nürnberg nach wie vor die Geschichte der deutschsprachigen Kultur als Geschichte ohne deutschsprachige Juden. Die europäische Geschichte als ein Europa der drei Religionen gar, wie Michael Borgolte es 2006 vorgeschlagen hat, mag ein politischer Zankapfel sein, aber es ist kein historischer Identifikationspunkt.[15]

---

11 *Peter Moraw*, Heimat und Methode. Zur Erinnerung an František Graus, in: Historische Zeitschrift 251/2 (1990), 283–290; *Hans-Jörg Gilomen*, Zum mediävistischen Werk von František Graus, in: Basler Zeitschrift für Geschichte und Altertumskunde 90 (1990), 5–21; *Susanna Burghartz* et. al. (Hrsg.), Spannungen und Widersprüche. Gedenkschrift für František Graus. Sigmaringen 1992.
12 Eine Liste der Publikationen findet sich hier: https://www.hist.uzh.ch/de/fachbereiche/mittelalter/emeriti/gilomen/publikationen.html (11.9.2019).
13 *Ebied Rifaat Y./Herman G. B. Teule* (Hrsg.), Studies on the Christian Arabic heritage. In honour of Father Prof. Dr. Samir Khalil Samir S. I. at the occasion of his sixty-fifth birthday. (Eastern Christian studies, 5.) Leuven 2004.
14 Über Joshua Prawer (1917–1990) s. den Eintrag in: http://www.crusaderstudies.org.uk/resources/historians/profiles/prawer/index.html (28.10.2019); Jerusalem Studies in Arabic and Islam 1 ff. (1979); Jerusalemer Zeitschrift für Arabistik; eine Liste der Publikationen von Benjamin Z. Kedar (geb. 1938) in: *Iris Shagrir/Ronnie Ellenblum/Jonathan Riley-Smith* (Hrsg.), In Laudem Hierosolymitani. Studies in Crusades and Medieval Culture in Honour of Benjamin Z. Kedar. (Crusades – subsidia, 1.) Aldershot 2007.
15 *Michael Borgolte*, Christen, Juden, Muselmanen. Die Erben der Antike und der Aufstieg des Abendlandes 300 bis 1400 n. Chr. (Siedler Geschichte Europas, 2.) München 2006; vgl. *Ina Jennerjahn*, Zusammenfassung der Diskussionsbeiträge der Sektion „Glaube", in: *Brehm/Harmann* (Hrsg.), Was ist deutsch (wie Anm. 3), 86: „Übereinstimmend wird die Einbeziehung des Islam und seines Einflusses auf die Frage nach deutschen Identitäten gefordert und als Thema der Ausstellung vorgeschlagen". Die „Islam-gehört-(nicht)-zu-Deutschland"-Debatte ist seither einen anderen Weg gegangen. Das weiße Treppenhaus des Germanischen Nationalmuseum wird für

Entscheidend für gegenwärtige historische Vorstellungen wurde folgender Prozess: Spuren der anderen, die mittelalterlichen Synagogen, Moscheen und Kirchen, die Klöster und Gräber, tilgte man im Lauf der Jahrhunderte in Europa, in Asien und Afrika. Orts- und Straßennahmen wurden geändert. Die uralten jüdischen Gemeinden verschwanden im 20. Jahrhundert aus den Ländern Westasiens, vom europäischen Antisemitismus und den Verbrechen der Deutschen im Nationalsozialismus ganz zu schweigen. Bis in die Gegenwart werden die Spuren der anderen zerstört, aktuell durch Sprengstoff und Presslufthammer des IS im Iraq, durch den Krieg in Syrien sowie durch die Entwurzelung von Jesiden und Christen.[16] In der türkischen Stadt Kozan finden sich kaum Hinweise zur Tatsache, dass man in Sis ist. Sis war die Residenz der kleinarmenischen Könige im 12. und 13. Jahrhundert und von 1293 bis 1915 des kirchlichen Oberhauptes der armenischen Kirche.[17] Rund um das Mittelmeer, in Osteuropa und in Westasien haben die Zerstörung und religiöse Umwidmung mittelalterlicher Gebäude oft mehrfach stattgefunden. In den deutschen Landen blickt man auf die über Jahrhunderte profan genutzte mittelalterliche Synagoge von Erfurt als „der ältesten bis zum Dach erhaltenen" als Sensation, weil eben so wenige erhalten sind.[18] Dabei lebten in vielen deutschen Städten bis ins frühe 15. Jahrhundert jüdische Gemeinden.[19] Das Ergebnis des Zerstörungswerkes an mittelalterlichen Spuren war und ist eindeutig. Die äußere Erscheinung der kulturellen Landschaft entspricht dem Programm religiöser und nationaler Einheit.

Jüdische Geschichte in Europa und christliche und jüdische Geschichte in der Welt des Islam sind Spezialgebiete geblieben, die sich auf die großen historischen

---

Hochzeitsfotos genutzt; in die Ausstellung verirren sich Deutsche mit Migrationshintergrund indessen kaum (Beobachtungen eines Besuchs im Dezember 2018).

16 Siehe die zahlreichen Reporte und Beobachtungen des American Research of Oriental Studies http://www.asor.org/chi/reports/incident-report-feature/ (20.8.2019); vgl. auch die wiederholten Resolutionen des Europäischen Parlaments http://www.europarl.europa.eu/delegations/en/d-iq/documents/ep-resolutions%20 (28.8.2019); http://www.europarl.europa.eu/doceo/document/TA-8-2016-0051_EN.html (28.8.2019).

17 *Claude Mutafian/Éric Van Lauwe*, Atlas historique de l'Arménie. Proche-Orient et Sud-Caucase du VIIIe siècle av. J.-C. au XXIe siècle. Paris 2001; *Richard G. Hovannisian/Simon Payaslian* (Hrsg.) Armenian Cilicia. (UCLA Armenian history and culture series. Historic Armenian cities and provinces, 7.) Costa Mesa 2008.

18 Jüdisches Leben Erfurt. Mittelalter. Alte Synagoge, in: juedisches-leben.erfurt.de (2019), https://juedisches-leben.erfurt.de/jl/de/mittelalter/alte_synagoge/index.html (09.08.2019).); *Simon Paulus*, Die Architektur der Synagoge im Mittelalter. (Überlieferung und Bestand. Schriften der Bet Tfila-Forschungsstelle für jüdische Architektur in Europa, 4.) Petersberg 2007.

19 *Alfred Haverkamp* (Hrsg.), Geschichte der Juden im Mittelalter von der Nordsee bis zu den Südalpen. Kommentiertes Kartenwerk. (Forschungen zur Geschichte der Juden. Abt. A. Abhandlungen, 14.) Hannover 2002.

Modelle kaum ausgewirkt haben. Sie wurden im deutschsprachigen Raum anderen Disziplinen als der Geschichtswissenschaft zugeordnet.[20] In der zweiten Hälfte des 20. Jahrhunderts schien es für die deutsche Mittelalterforschung dringender, den besonderen Weg der europäischen Geschichte zu erklären als dessen Gemeinsamkeiten mit der asiatischen. Auf der Seite der neuen Nationalstaaten in Westasien hatte der Aufbau der nachkolonialen Geschichtsschreibung Priorität. An diesem Projekt waren Nichtmuslime beteiligt. Doch die vom europäischen Nationalismus und Imperialismus sowie die von der nationalsozialistischen Diktatur Deutschlands ausgehende Gewaltgeschichte des 20. Jahrhunderts hatten fatale Folgen auch für sie.[21]

Die Unsichtbarkeit der historischen Spuren und das Profil der Geschichtswissenschaft haben verheerende Auswirkungen. Die Mythen einheitlicher christlicher und islamischer Kultur wurden geschaffen, die wir nicht mehr loswerden. Zu monumental waren diese Mythen konstruiert worden. Zu sehr bedienten und bedienen sie die imaginären Bedürfnisse sowohl derjenigen, die an der ideologischen Komplexität der Gegenwart leiden, wie derer, die sie feiern.[22] Das Bild vom christlichen Mittelalter versus dem islamischen Orient kann dabei durchaus methodisch und inhaltlich differenziert behandelt werden, aber es kann auch nationalen und rassistischen Ausgrenzungsnarrativen dienen. Gerade seine vielseitige Anschlussfähigkeit an konservative oder kritische politische Positionen verlängert sein Leben, macht es so nachhaltig überzeugend.[23]

---

20 *Werner Strothmann*, Die Anfänge der syrischen Studien in Europa. (Göttinger Orientforschung, 1.) Wiesbaden 1971; *Hubert Kaufhold*, Die Wissenschaft vom Christlichen Orient. Gedanken zur Geschichte und Zukunft des Faches, in: *Peter Bruns/Heinz O. Luthe* (Hrsg.), Vom Euphrat an die Altmühl. Die Forschungsstelle Christlicher Orient an der Katholischen Universität Eichstätt-Ingolstadt. (Eichstätter Beiträge zum christlichen Orient, 1.) Wiesbaden 2012, 15–214.
21 *Hamit Bozarslan*, Domination, resilience, and power. Religious minorities in the imperial and post-imperial Middle East, in: *Bettina Gräf* et al. (Hrsg.), Ways of knowing the Muslim cultures and societies. Studies in honour of Gudrun Krämer. (Social, economic and political studies of the Middle East and Asia, 122.) Leiden 2018, 357–365; *Ulrike Freitag*, Geschichtsschreibung in Syrien 1920–1990. Zwischen Wissenschaft und Ideologie. (Politik, Wirtschaft und Gesellschaft des Vorderen Orients.) Hamburg 1991.
22 *Georg Schreiber*, Mönchtum und Wallfahrt in ihren Beziehungen zur mittelalterlichen Einheitskultur, in: Historisches Jahrbuch 55 (1935), 160–181, hier: 160–161.
23 *Wolfgang Maaz*, Mittelalter von Links. Zur Mittelalter-Rezeption in linken Print-Medien der BRD, in: *Jürgen Kühnel* (Hrsg.), Mittelalter-Rezeption III. Gesammelte Vorträge des 3. Salzburger Symposions. Mittelalter, Massenmedien, Neue Mythen. (Göppinger Arbeiten zur Germanistik, 479.) Göppingen 1988, 391–420; *Ulrich Köpf*, Die Idee der Einheitskultur des Mittelalter, in: *Friedrich Wilhelm Graf* (Hrsg.), Ernst Troeltschs Soziallehren. Studien zu ihrer Interpretation. Gütersloh 1993, 103–121; *Otto Gerhard Oexle*, Das Bild der Moderne vom Mittelalter und die moderne Mittelalterforschung, in: Frühmittelalterliche Studien 24 (1990), 1–22.

Wenn heute Arabisten nochmals das traditionelle europäische Mittelalterbild als Kontrastfolie zur islamischen Welt zeichnen,[24] bringen sie nur einmal mehr zu Bewusstsein, wie wenig die aktuellen Diskussionen in der Mittelalterforschung die historischen Vorstellungen verändern konnten. Gewichtige Argumente für die These, dass die Orientalisierung des Orients und die Mediävalisierung des Mittelalters im modernen europäischen Geschichtsmodell dieselben historischen Wurzeln haben, liegen seit mindestens zwanzig Jahren vor.[25] Eine historiographische Kritik kann daher nur die christlichen und die islamisch beherrschten Welten zugleich in den Blick nehmen. Dies ist heute umso wichtiger, als die ältere Geschichte weltweit Teil der aktuellen politischen Auseinandersetzung wird.[26] Nun erscheinen die längst veralteten Vorstellungen in einem neuen, radikalisierten Gewand, zum Beispiel im Ethnopluralismus.[27] In politischen Verlautbarungen muss es nicht wissenschaftlich zugehen, doch muss der Gebrauch mittelalterlicher Geschichte für solche Zwecke professionellen Mittelalterhistorikerinnen und Mittelalterhistorikern zu denken geben.[28]

---

24 *Thomas Bauer*, Warum es kein islamisches Mittelalter gab. Das Erbe der Antike und der Orient. München 2018.
25 Zum Zusammenhang von Orientalisierung und Mediävalisierung immer noch: *Jeffrey J. Cohen* (Hrsg.), The postcolonial Middle Ages. New York 2000; *Sharon Kinoshita*, Deprovincializing the Middle Ages, in: *Rob Wilson/Christopher Leigh Connery* (Hrsg.), The worlding project. Doing cultural studies in the era of globalization. Santa Cruz 2007, 61–76.
26 Vgl. die Ausführungen des Historikers Paulo Pachá über Präsident Bolsonaro: *Paulo Pachá*, Why the Brazilian far right loves the European Middle Ages, in: Pacific Standard, 12. März 2019, https://psmag.com/ideas/why-the-brazilian-far-right-is-obsessed-with-the-crusades (21.8.2019), Hinweis von Kristin Skottki.
27 *Jens Rydgren*, The sociology of the radical right, in: Annual Review of Sociology 33 (2007), 241–262.
28 Unter dem Titel „Naumburg ist Zeugnis eines deutschen Mittelalters" vom 25. Oktober 2018 erfährt man von *Hans-Thomas Tillschneider*: „Dass sich die etablierte Politik an unserem kulturellen Erbe vergreift, um ihre politischen Ansichten historisch zu unterfüttern, ist nichts Neues. Schon die Feierlichkeiten zum Reformationsjubiläum waren *von tendenziöser Toleranz- und Vielfaltsrhetorik* durchsetzt. Wenn sich Staatsministerin Müntefering nun auf den Naumburger Dom bezieht, um die Bedeutung des kulturellen Austauschs zu belegen, meint sie eigentlich etwas ganz anderes: Die von Wanderhandwerkern geprägte Baukultur des Mittelalters soll als historische Rechtfertigung für die den Nationen feindlich gegenüberstehende Europapolitik und ‚Willkommenskultur' des 21. Jahrhunderts herhalten. Die AfD-Fraktion verwahrt sich gegen diesen und andere Versuche, unsere Baudenkmäler umzudeuten. Der Naumburger Dom ist mit seiner Geschichte und seinen Kunstwerken, wie etwa der weltberühmten Uta von Naumburg, Ausdruck eines zutiefst deutschen Mittelalters [Hervorhebung von mir]", https://afdkompakt.de/2018/10/25/naumburger-dom-ist-zeugnis-eines-deutschen-mittelalters/ (21.8.2019). Tillschneider ist Arabist und Islamwissenschaftler. Die neuere Forschung zum Naumburger Dom hat er offenbar nicht zur Kenntnis genommen, sondern deren Ergebnisse als politische Meinungsbildung aufgefasst.

Die Anwesenheit unterschiedlicher religiöser Gruppen in den christlichen und islamischen Herrschaftsgebieten des Mittelalters ist eine seit langem wissenschaftlich geprüfte Tatsache. Hier sollen nur einige neuere Forschungsergebnisse systematisiert und als Teil einer verflochtenen Geschichte angedeutet werden.

Diese gemeinsame Geschichte wurde freilich in unterschiedlicher Weise erfahren. Doch ohne einander ist sie nicht vollständig. Dies sei durch einen Gegenstand symbolisiert, die Doppelscheuer.[29] Sie ist ein Becherpaar, aus dem zwei Personen einander bei Festen zutrinken konnten. Dieser Gegenstand war am Anfang des 14. Jahrhunderts sehr populär. Christen und Juden hatten ihn gleichermaßen im Gebrauch. Diese Tatsache kann noch nicht lange mit diesem schlichten Satz gesagt werden. Die Doppelscheuern sind fast nur in jüdischen Schätzen erhalten geblieben, die vor den Massenmorden im Jahr 1348 vergraben wurden, weil sie später außer Mode kamen und eingeschmolzen wurden. Lange hat man sie als Pfänder von Christen statt als jüdischen Besitz angesehen. Inzwischen ist nachgewiesen, dass dies ein Irrtum war. Juden haben auf ihren Festen, insbesondere auf Hochzeiten, auch gerne miteinander Wein aus der Doppelscheuer getrunken, und sie gaben sie, ebenso wie Christen, selbst in Auftrag.[30] Sie ist also gleichzeitig Teil der gemeinsamen und Teil der unterschiedlichen Kultur von Juden und Christen.

---

29 S. Deckblatt.
30 *Dorothea Weltecke* (Hrsg.), Zu Gast bei Juden. Leben in der mittelalterlichen Stadt. Begleitband zur Ausstellung. Konstanz 2017, 190–191.

Afro-Eurasien im mittleren Jahrtausend

Meine Erkundungen sollen hier über die euro-asiatischen und die afrikanischen Welten schweifen, ohne diese natürlich abdecken zu können. In den letzten Jahren wurde dafür plädiert, die Bezeichnung „mittleres Jahrtausend" in der Diktion z. B. von Kedar und Wiesner-Hanks auf diesen ganzen Raum zu beziehen.³¹ Damit soll nicht das alte Mittelalterkonzept in anachronistischer Verzerrung globalisiert, sondern auf Ähnlichkeiten sozialer Prozesse und auf die historischen Verbindungen zwischen den unterschiedlichen Zentren hingewiesen werden. Eine neue inhaltliche Füllung der Epochengrenzen von 500 bis 1500 ist somit ein Gegenprojekt zu dem Vorschlag, sich des Terminus „Mittelalter" und dieser Periode ganz zu entledigen.³² Beide haben Vor- und Nachteile und entfalten in der Dialektik ihr wissenschaftliches Potential. Die Argumente für historische Parallelen und Beziehungen in Eurasien und für ein eurasiatisches Mittelalter sind dabei so weit etabliert, dass hier auf eine ausführliche Begründung verzichtet werden kann.³³ Wie jedoch François-Xavier Fauvelle zu Recht gefordert hat, muss auch die afrikanische Geschichte in diese Epochenkonzeption einbezogen werden, die trotz ihrer Vernetzung mit Asien und Europa bisher aus dem historischen Forschen völlig ausgeblendet wird.³⁴

---

31 *Rosamond McKitterick*, Atlas of the medieval world. New York 2005; *Benjamin Z. Kedar/Merry E. Wiesner-Hanks*, Introduction, in: *Dies.* (Hrsg.), Expanding webs of exchange and conflict, 500 CE – 1500 CE. (The Cambridge world history, 5.) Cambridge 2015, 1– 40; *Hermann Kulke*, Das europäische Mittelalter. Ein eurasisches Mittelalter? Berlin/Boston 2016; *Michael Borgolte/Matthias M. Tischler* (Hrsg.), Transkulturelle Verflechtungen im mittelalterlichen Jahrtausend. Europa, Ostasien, Afrika. Darmstadt 2012.
32 *Christian Jaser/Ute Lutz-Heumann/Matthias Pohlig* (Hrsg.), Alteuropa. Vormoderne. Neue Zeit. Epochen und Dynamiken der europäischen Geschichte (1200 – 1800), (Zeitschrift für Historische Forschung, Beiheft 46.) Berlin 2012; *Klaus Ridder/Steffen Patzold* (Hrsg.), Die Aktualität der Vormoderne. Epochenentwürfe zwischen Alterität und Kontinuität. (Europa im Mittelalter, 23.) Berlin 2013; *Bernhard Jussen*, Wer falsch spricht, denkt falsch. Warum Antike, Mittelalter und Neuzeit in die Wissenschaftsgeschichte gehören, in: Spekulative Theorien, Kontroversen, Paradigmenwechsel. Streitgespräch in der Wissenschaftlichen Sitzung der Versammlung der Berlin-Brandenburgischen Akademie der Wissenschaften am 25. November 2016. (Debatte, 17.) Berlin 2017, 38–52.
33 *Johann P. Arnason*, Parallels and Divergences. Perspectives on the early second millennium, in: Medieval Encounters 10/1–3 (2004), 13–40 bzw. dieser ganze Jahrgang.
34 *François-Xavier Fauvelle*, Le rhinocéros d'or. Histoires du Moyen Âge africain. Paris 2014, bzw. die deutsche Übersetzung, *ders.*, Das goldene Rhinozeros. Afrika im Mittelalter. München 2017; vgl. auch die beeindruckende Darstellung von *Adam Jones*, Afrika bis 1850. Frankfurt a. Main 2016.

Diese Wahl bedeutet nicht, dass meine Perspektive nicht eurozentriert bliebe. Sie ist es, weil sie durch Herkunft, Ausbildung und historische Konventionen europäisch geprägt ist. Nur ist Europa im Mittelalter nicht das Zentrum der historischen Welt, im Gegenteil. Für die längste Zeit des mittleren Jahrtausends waren die europäischen Welten Provinzen, noch dazu eher abgelegene. Die Forderung nach einer Dezentrierung Europas in der postkolonialen Geschichtsschreibung ist also für die Mediävistik inhaltlich naheliegend. Selbst die Zeitgenossen dachten sich selbst nicht als Mittelpunkt der Erde. Auf den bekannten lateinischen TO-Karten lag Europa nicht im Zentrum; auf den großen Weltkarten, den *Mappae Mundi*, wurde eher Jerusalem als Nabel der Welt dargestellt.[35] Ein kostbares Objekt aus dem Maasgebiet deutet an, wie sich die unbekannten Auftraggeber auf der Erde verorteten. Es handelt sich um ein Leuchterpaar aus Bronze, teilweise vergoldet, das auf das dritte Viertel des 12. Jahrhunderts datiert wird.[36] Diese rätselhaften, bisher kaum interpretierten Gegenstände aus dem Hildesheimer Domschatz sollen helfen, die Dezentrierung zu veranschaulichen.

An den Füßen der Leuchter sind jeweils drei individuell gestaltete Frauenfiguren zu erkennen, die Gegenstände in der Hand halten, die jeweils beschriftet sind. Auf dem einen findet man MEDICINA mit einem großen Gefäß. CONFLICT(VS) hat zwei sich aufbäumende Schlangen in den Händen. Eine dritte Gestalt hält Büsten, die als THEORICA und PRACTICA bezeichnet sind. Diese Figuren weisen offenbar in die Welt des Wissens. Ihnen ist ein zweiter Leuchter zur Seite gestellt, auf dem die Frauenfiguren die Kontinente symbolisieren. Sie halten ihr Segment der TO-Karte in der Hand, also EVROPA und AFRICA je ein Viertel, ASIA dagegen eine Hälfte. Hinzu kommen Gegenstände und ihre Kleidung: ASIA

---

[35] *Anna-Dorothee von den Brincken*, Kartographische Quellen. Welt-, See- und Regionalkarten. (Typologie des sources du Moyen Âge occidental, 51.) Turnhout 1988; *Brigitte Englisch*, Ordo orbis terrae. Die Weltsicht in den Mappae mundi des frühen und hohen Mittelalters. (Orbis mediaevalis. Vorstellungswelten des Mittelalters, 3.) Berlin 2002; *Ingrid Baumgärtner/Hartmut Kugler* (Hrsg.), Europa im Weltbild des Mittelalters. Kartographische Konzepte. (Orbis mediaevalis. Vorstellungswelten des Mittelalters, 10.) Berlin 2008; *John B. Harley/David Woodward*, The History of cartography, Bde. I – III. Chicago/London 1987–2007; *Michael Oberweis*, Die mittelalterlichen T-O-Karten, in: Periplus 23 (2013), 121–134.

[36] *Viktor H. Elbern/Heinrich Reuther*, Der Hildesheimer Domschatz, in: Die Diözese Hildesheim in Vergangenheit und Gegenwart. Jahrbuch des Vereins für Geschichte und Kunst im Bistum Hildesheim 36 (1968), 1–105, hier: 34–35; *Michael Brandt/Regula Schorta* (Hrsg.), Dommuseum Hildesheim. Ein Auswahlkatalog. (Quellen und Studien zur Geschichte und Kunst im Bistum Hildesheim, 13.) Regensburg 2019; darin: Schnell und Steiner, Nr. 41, 90–91; *Ursula Mende*, Nr. 34. Leuchterpaar mit allegorischen Frauenfiguren, in: *Michael Brandt* (Hrsg.), Schatzkammer auf Zeit. Die Sammlungen des Bischofs Eduard Jakob Wedekin 1796–1870. Katalog zur Ausstellung des Diözesan-Museums Hildesheim. Hildesheim 1991, 126–129; dort ausführliche Literaturhinweise.

Abb. 1: Leuchterpaar, spätes 12. Jahrhundert, Domschatz Hildesheim, Bildarchiv Marburg, mit freundlicher Genehmigung

hat ein Gefäß, das mit DIVITIE beschriftet ist. AFRICA hält ein Buch mit SCIENTIA. Sie trägt nur eine Toga über dem Kopf und dem halb entblößten Körper, wie ein Philosoph. EVROPA hält Schild und Schwert, auf dem BELLUM zu lesen ist. Sie ist mit einem feinen langen Ringpanzer bekleidet, der weit über die Knie reicht.

Ein unmittelbarer christlicher Bezug ist bei beiden Leuchtern nicht zu erkennen. Allerdings standen sie auf einem Altar und verströmten mit ihren Kerzen kostbares Licht. Sie waren in diesen Einzelheiten nur von denen zu erkennen, die unmittelbar davor zu tun hatten. Die Zelebranten bewunderten sie also; didaktische Zwecke erfüllten sie nicht. Aber was wollen diese kostbaren Kunstwerke besagen? Wenn entsprechend zu den Erdteilen auch die drei Personen auf dem anderen Leuchter ein Ganzes bilden sollten, von was stellen sie dann jeweils die Teile dar? Sie rekurrieren weder auf bestimmte Freie Künste noch auf die Fakultäten.[37] Die Welt der Hohen Schulen in Europa war zu dieser Zeit noch jung, und

---

[37] Mende spricht vom Bereich der „Freien Künste", doch die sind nun gerade nicht zu sehen:

ihre Institutionalisierung begann erst.[38] Weshalb der medizinische Bezug? Bis zum Beginn des 12. Jahrhunderts waren die Lütticher Benediktiner auf diesem Wissensgebiet aktiv und schrieben darüber; rekurrierten die Leuchter darauf?[39]

Das Leuchterpaar lässt an das lebhafte Interesse an den höheren Wissenschaften und Künsten denken, die auch und gerade die Bischöfe des 12. Jahrhunderts förderten. Dass der Reichtum in Asien angesiedelt wurde, erscheint naheliegend. Greifbar wurde er in den Luxusobjekten, die nach Europa gelangten. Afrika als Ort der SCIENTIA darzustellen, kollidiert mit den kolonialistischen Topoi der Moderne, ist jedoch für das 12. Jahrhundert nicht ungewöhnlich. Diese Sicht geht nicht nur auf die Bibel zurück[40], sondern auf das zeitgenössische Interesse an den mathematischen, physikalischen und astronomischen Schriften, die in Übersetzungen aus dem Arabischen in die lateinische Welt gelangten. Die „ägyptischen Weisen" waren neben den „Chaldäern" ein Begriff für Kenntnis der Naturphilosophie und der Mathematik. Ihr Wissen wollten sich geistliche und weltliche Herrscher zunutze machen.[41] In den Lütticher Schulen waren im 11. und frühen 12. Jahrhundert die mathematischen Studien auf einem anerkannt hohen Stand, bis hin zur Kenntnis des Astrolabiums.[42] Die Lütticher Schulen verpassten dann zwar den Anschluss an die Institutionalisierung der Universitäten. Aber dass diese einmal so wichtig werden würden, konnte noch niemand ahnen. Im 12. Jahrhundert mochte man in dieser Stadt auf seine Kenntnisse noch unangefochten stolz sein. Als dritte Figur kommt auf dem Leuchter EVROPA hinzu, die

---

Mende, Leuchterpaar (wie Anm. 36); Die Welt des Mittelalters. Romanischer Leuchter ist „Kunstwerk des Monats" im Hildesheimer Dom-Museum, in: Bistum-hildesheim.de, https://www.bistum-hildesheim.de/bistum/nachrichten/artikel/news-title/die-welt-des-mittelalters-2780/ (22.8.2019).

38 *William J. Courtenay*, Parisian scholars in the early fourteenth century. A social portrait, Cambridge/MA 1999; *Frank Rexroth*, Fröhliche Scholastik. Die Wissenschaftsrevolution des Mittelalters. (Historische Bibliothek der Gerda Henkel Stiftung.) München 2018.

39 *Christine Renardy*, Les écoles liégeoises du IXe au XIIe siècle. Grandes lignes de leur évolution, in: Revue belge de philologie et d'histoire 57/2 (1979), 309–328, hier: 325.

40 Die Welt des Mittelalters (wie Anm. 37).

41 *Barthel L. van der Waerden*, Die „Ägypter" und die „Chaldäer", in: Sitzungsberichte der Heidelberger Akademie für Wissenschaften, Mathematisch-Naturwissenschaftliche Klasse 1972/5, 210–227; *Charles Burnett*, The transmission of Arabic astronomy via Antioch and Pisa in the second quarter of the twelfth century, in: *Jan P. Hogendijk/Abdelhamid I. Sabra* (Hrsg.), The enterprise of science in Islam. New perspectives. Cambridge 2003, 23–51; *Charles Burnett*, Arabic into Latin in the Middle Ages. The translators and their intellectual and social context. (Variorum collected studies series, 939.) Farnham (Surrey) 2009; und andere Werke von Burnett; zu gegenwärtigen Gefahren der Beziehungsgeschichte in den Wissenschaften: *Sonja Brentjes/Taner Edis/Lutz Richter-Bernburg* (Hrsg.), 1001 distortions. How (not) to narrate history of science, medicine, and technology in non-Western cultures. Würzburg 2016.

42 *Renardy*, Les écoles liégeoises (wie Anm. 39), 314–317.

mit Tapferkeit identifiziert wird, mit Spezialisierung zum Krieg. Das entspricht dem gegenwärtigen Selbstbild wenig, auch wenn Europa immer noch erfolgreich Waffen in alle Welt exportiert. Der damals exklusive Ringpanzer verweist auf die ritterliche Kultur, zu der auch die Bischöfe von Lüttich durch ihre Herkunft und ihre Funktion als Heerführer Zugang hatten.[43]

Die Form und Zahl der Gegenstände, die die Frauen halten, lassen auch Bezüge zwischen den Leuchtern suchen, aber welche? Vielleicht ist die Ordnung der natürlichen Welt angedeutet, über der das Licht der göttlichen Erkenntnis leuchtet. Dabei sind die Leuchter nicht polemisch, nicht fromm und schauen keineswegs mit Verachtung in die weite Welt. Mit ihrer ungewohnten Symbolik erinnern sie daran, dass es eine Welt vor der europäischen Hegemonie gegeben hat, die ihre eigene Perspektive hatte. Diese Welt ist keine aus den rückverlängerten Linien der europäischen Neuzeit konstruierbare Vorgeschichte dieser Hegemonie.[44] Sie ist auch keine Zeit der Unschuld.[45]

Die Welt „vor der europäischen Hegemonie" ist ein Begriff von Janet Abu-Lughod aus dem Jahr 1987. In einer genialen Skizze wollte sie wirtschaftliche Vernetzung darstellen und das kolonialistische Geschichtsbild überwinden.[46] Inzwischen wurden ihre Vorschläge von der Wirtschafts- und Sozialgeschichte des Mittelalters aufgegriffen. Sie regen die Suche nach neuen Darstellungsweisen der kulturellen Regionen des mittleren Jahrtausends an.[47] Bei der Vernetzung der afro-eurasischen Welten spielten aber auch die religiösen Kulturen eine außerordentlich bedeutende Rolle.[48] Denn anders als es historische Karten anzeigen,

---

43 *Malte Prietzel*, Krieg im Mittelalter. Darmstadt 2006.
44 *Michael Mitterauer*, Warum Europa? Mittelalterliche Grundlage eines Sonderwegs. München 2003; *Debra Higgs Strickland*, Saracens, demons, and Jews. Making monsters in Medieval art. Princeton 2003.
45 *Kathleen Biddick*, Coming out of exile. Dante on the Orient Express, in: *Jeffrey Jerome Cohen* (Hrsg.), The postcolonial Middle Ages. New York u. a. 2001, 35–52.
46 *Janet L. Abu-Lughod*, Before European hegemony. The world system A. D. 1250 –1350. New York 1989; *Barry K. Gills*, Janet Abu-Lughod and the world system. The history of world system development and the development of world system theory, in: Journal of World-System Research 20/2 (2014), 174–184.
47 *Kedar/Wiesner-Hanks* (Hrsg.), Expanding Webs (wie Anm. 31); *Catherine Holmes/Naomi Standen* (Hrsg.), The Global Middle Ages. (Past and Present. Supplement 13.) Oxford 2018; darunter auch eine aktuelle Diskussion der Theorie und der Graphik von Abu-Lughod: *Glenn Dudbridge*, Reworking the system paradigm, in: ebd., 297–316.
48 *Kedar/Wiesner-Hanks* (Hrsg.), Expanding Webs (wie Anm. 31), weniger explizit durch die Kapiteleinteilung, aber sehr präsent (und durch den Index erschließbar) auch in *Holmes/Standen* (Hrsg.), The global Middle Ages (wie Anm. 47).

waren die mittelalterlichen Welten religiös nicht einheitlich. Tatsächlich haben sich stets überall größere und kleinere Gruppen anderer Glaubensgemeinschaften befunden. Das geschah, weil Herrscher eine neue Religion annahmen und Missionare ins Land holten. Gebiete wurden erobert. Religionen entstanden dynamisch und brachten stets neue Strömungen und Gruppierungen hervor. Händler erschlossen neue Gebiete. Spezialisten für Landwirtschaft oder militärische Aufgaben waren willkommen und so fort.[49] Die Konstellationen waren überall verschieden. Hier und dort befand sich die herrschende Religionsgruppe numerisch in der Minderheit, andernorts mochte sie numerisch in der Mehrheit sein, vor allem am Ende des Mittelalters.

---

49 Z. B. *Kedar/Wiesner-Hanks* (Hrsg.), Expanding Webs (wie Anm. 31); *Borgolte/Tischler* (Hrsg.), Transkulturelle Verflechtungen (wie Anm. 31); *Immanuel Ness* et al. (Hrsg.), The Encyclopedia of global human migration, I – V. Chicester 2013.

Gegenwärtige Forschungsfragen zur religiösen Komplexität des Mittelalters

Sicherlich trägt der Begriff „religiöse Minderheiten" dazu bei, vergleichende Forschungen über das Zusammenleben religiöser Gruppen zu fördern.[50] Der moderne Begriff „Minderheit" in seinem nationalstaatlichen Verständnis als benachteiligte und rechtlich diskriminierte Gruppe ist allerdings ein Anachronismus. Darüber hinaus ist sich etwa die aktuelle juristische Forschung, die die Situation von „Minderheiten" untersucht, der Nachteile der Terminologie bewusst: Die Bezeichnung kann Ausgrenzung zementieren und wird darüber hinaus von Betroffenen oft als derogativ empfunden.[51] Da überdies religiöse Minderheiten in mittleren Jahrtausend nicht selten die Macht innehatten, schlage ich vor, die soziale Position konkret zu benennen: Ich unterscheide nicht zwischen religiöser „Mehrheit" und „Minderheit", sondern zwischen „dominierenden" und „geduldeten" bzw. „nicht geduldeten" Gruppen.[52]

Auch der Terminus „Diaspora" ist in methodischer Hinsicht fragwürdig. Gleichzeitig bietet er im Augenblick ein *tertium comparationis*, das gemeinsame Erforschung ermöglicht.[53] Dies gilt auch für aktuelle Fragen an die Geschichte der „Migration"[54]. Erwähnt werden soll schließlich das schon ältere mediävistische

---

[50] An Titeln sei nur genannt: *David Nirenberg*, Communities of violence. Persecution of minorities in the Middle Ages. Princeton 2015 (zuerst 1996); *Nora Berend* et al. (Hrsg.), Religious minorities in Christian, Jewish and Muslim law (5th–15th centuries). (Religion and law in medieval Christian and Muslim societies, 8.) Turnhout 2017; *François Brizay* (Hrsg.), Identité religieuse et minorités. De l'antiquité au XVIIIe siècle. Rennes 2018.
[51] *David Jacob*, Minderheitenrecht in der Türkei. Recht auf eigene Existenz, Religion und Sprache nichtnationaler Gemeinschaften in der türkischen Verfassung und im Lausanner Vertrag. (Jus Internationale et Europaeum, 127.) Tübingen 2017, 5–7.
[52] *Dorothea Weltecke*, Einführende Bemerkungen, in: *Dies./Ulrich Gotter/Ulrich Rüdiger* (Hrsg.), Religiöse Vielfalt und der Umgang mit Minderheiten. Vergangene und gegenwärtige Erfahrungen. Konstanz 2015, 9–24.
[53] *André Wink*, The Jewish diaspora in India. Eigth to thirteenth centuries, in: Indian Economic Social History Review 24 (1987), 349–366; *Hélène Ahrweiler/Angeliki Laiou* (Hrsg.), Studies on the internal diaspora of the Byzantine Empire. Washington 1998; *Luigi Russo*, La diaspora normande vue par les marges. La principauté d'Antioche entre histoire et historiographie, in: Tabularia 16 (2016), 157–175 (methodisch besonders interessant, weil eine dominierende religiöse Minderheit untersucht wird); *John V. Tolan* (Hrsg.), Expulsion and diaspora formation. Religious and ethnic identities in flux from antiquity to the seventeenth century. (Religion and law in medieval Christian and Muslim societies, 5.) Turnhout 2015.
[54] *Michel Balard* (Hrsg.), Migrations et diasporas méditerranéennes (X[e]–XV[ie] siècles). (Publications de la Sorbonne. Série Byzantina Sorbonensia, 19.) Paris 2002; *Kurt-Ulrich Jäschke* et al.

Interesse an der Geschichte von sozialen „Randgruppen".[55] Auch dieses Stichwort hat geholfen, die gesellschaftlichen Strukturen und die mittelalterlichen Kulturen zu differenzieren. Weil geduldete religiöse Gruppen im Mittelalter indessen keinesfalls automatisch die Lebensbedingungen von Kriminellen, Leprösen oder Prostituierten teilten, ist auch dieser Terminus in die Kritik geraten.[56] In Deutschland wurde das adäquatere Wort „Sondergruppen" vorgeschlagen.[57]

Seit einigen Jahren explodiert geradezu das Interesse der historischen Wissenschaft am Zusammenleben, am Austausch und an den Konflikten zwischen den unterschiedlichen religiösen Kulturen. Einerseits wird die Grundlagen- und Detailforschung zu bestimmten Regionen oder Gruppen ausgebaut, andererseits werden sie intensiv miteinander in Beziehung gesetzt. Insgesamt ist die For-

---

(Hrsg.), Vieler Völker Städte. Polyethnizität und Migration in Städten des Mittelalters – Chancen und Gefahren. Vorträge des gleichnamigen Symposiums vom 7. bis 10. April 2011 in Heilbronn. (Quellen und Forschungen zur Geschichte der Stadt Heilbronn, 21.) Heilbronn 2012; *Michael Borgolte* (Hrsg.), Migrationen im Mittelalter. Ein Handbuch. Berlin 2014; *Claudia Rapp*, Zwangsmigration in Byzanz. Kurzer Überblick mit einer Fallstudie aus dem 11. Jahrhundert, in: *Thomas Ertl* (Hrsg.), Erzwungene Exile. Umsiedlung und Vertreibung in der Vormoderne (500 bis 1850). Frankfurt a. Main u. a. 2017, 59–80.

55 Z. B. *František Graus*, Randgruppen der städtischen Gesellschaft im Spätmittelalter, in: Zeitschrift für Historische Forschung 8 (1981), 385–437; *Wolfgang Hartung*, Gesellschaftliche Randgruppen im Mittelalter. Phänomen und Begriff, in: *Fritz Reuter/Bernd Kirchgässner* (Hrsg.), Städtische Randgruppen und Minderheiten. (Stadt in der Geschichte, 13.) Sigmaringen 1986, 49–114; *Jean-Claude Schmitt*, L'histoire des margineaux, in: *Jacques Le Goff* (Hrsg.), La nouvelle histoire. Brüssel ²1988, 277–306; *Marcin Kamler*, Le bourreau et les marginaux en Pologne aux XVe–XVIe siècles, in: Acta Poloniae Historica 58 (1988), 131–137; *Miguel Á. Ladero Quesada*, Aristócratas y marginales. Aspectos de la sociedad castellana en La Celestina, in: Espacio, tiempo y forma 3/3 (1990), 95–120; *Coral Cuadrada Majó*, Marginalidad y otredad en Cataluña (siglos XIV–XVI), in: En la España medieval 38 (2015), 57–97.

56 *Adeline Rucquoi*, Marginaux ou minorités? Juifs et Musulmans dans une ville de la Castille septentrionale, in: *Pierre Tucoo-Chala* (Hrsg.), Minorités et marginaux en France méridionale et dans la peninsule ibérique (VIIe–XVIIIe siècles). Actes du Colloque de Pau, 27–29 mai 1984. (Collection de la Maison des pays ibériques, 23.) Paris 1986, 287–305.

57 *Gerd Mentgen*, „Die Juden waren stets eine Randgruppe". Über eine fragwürdige Prämisse der aktuellen Judenforschung, in: *Friedhelm Burgard/Christoph Cluse/Alfred Haverkamp* (Hrsg.), Liber amicorum necnon et amicarum für Alfred Heit. Beiträge zur mittelalterlichen Geschichte und geschichtlichen Landeskunde. (Trierer historische Forschung, 28.) Trier 1996, 393–411; *Hans-Jörg Gilomen*, Städtische Sondergruppen im Bürgerrecht, in: *Rainer C. Schwinges* (Hrsg.), Neubürger im späten Mittelalter. Migration und Austausch in der Städtelandschaft des alten Reiches (1250–1550). (Zeitschrift für historische Forschung, Beihefte 30.) Berlin 2002, 125–167; *Tom S. Scott*, Bürger, Handwerker und Sondergruppen. Zur verfächerten Sozialstruktur des Dorfs in Südwestdeutschland um die Wende vom Mittelalter zur Neuzeit, in: *Kurt Andermann/Oliver Auge* (Hrsg.), Dorf und Gemeinde. Grundstrukturen der ländlichen Gesellschaft in Spätmittelalter und Frühneuzeit. (Kraichtaler Kolloquien, 8.) Epfendorf 2012, 133–152.

schung derzeit so lebhaft, dass die Publikationen schon nicht mehr zu übersehen, geschweige denn hier adäquat zu skizzieren sind.

Die Einrichtung von Forschungsverbünden und Arbeitsgruppen hatte daran einen gewichtigen Anteil, weil Forscher aus unterschiedlichen Disziplinen miteinander vernetzt wurden. Sie konnten so Gemeinsamkeiten und Unterschiede ihrer Spezialisierungen, aber auch ihrer Gegenstände zusammenführen. Zu verweisen ist etwa auf das SPP „Integration und Desintegration der Kulturen im europäischen Mittelalter" von Michael Borgolte und Bernd Schneidmüller.[58] Hohe Synergieeffekte hatten das ERC-Projekt RELMIN[59] und die Nachfolgeprojekte von John Tolan mit ihren internationalen Konferenzen und Publikationen. Das gilt auch für das Käte-Hamburger-Kolleg Bochum „Dynamiken der Religionsgeschichte zwischen Europa und Asien"[60] und die aus diesem Kolleg hervorgegangenen Zeitschrift „Entangled Religions".[61] Erwähnt sei auch der Exzellenzcluster „Religion und Politik. Dynamiken von Tradition und Innovation" der Westfälischen Wilhelms-Universität Münster und seine Publikationen[62] oder das „Center for the Study of Conversion and Inter-Religious Encounters" der Ben-Gurion-Universität des Negev.[63] Zeitschriften wie unter anderem die schon älteren „Medieval Encounters"[64] und „Islamochristiana"[65] oder das neuere „Journal of Transcultural Medieval Studies"[66] bieten die expandierende Plattform für laufende Detailstudien. Kollektiv erarbeitete Referenzwerke, Bibliographien und

---

[58] SPP „Integration und Desintegration der Kulturen im europäischen Mittelalter" (2005–2011), in: gepris.dfg.de, https://gepris.dfg.de/gepris/projekt/5472139?context=projekt&task=showDetail&id=5472139& (21.8.2019).
[59] Religion and law in medieval Christian and Muslim societies (REMLIN), in: cn-telma.fr, http://www.cn-telma.fr//relmin/index/ (24.8.2019).
[60] Käte-Hamburger-Kolleg „Dynamiken der Religionsgeschichte zwischen Europa und Asien", in: https://khk.ceres.rub.de/de/ (24.8.2019).
[61] Entangled religions. Interdiciplinary journal for the study religious contact and transfer, in: https://er.ceres.rub.de/ (24.8.2019). Die Zeitschrift ist nicht auf das mittlere Jahrtausend beschränkt, enthält aber fortlaufend dafür einschlägige Beiträge.
[62] Exzellenzcluster „Religion und Politik. Dynamiken von Tradition und Innovation", in: https://www.uni-muenster.de/Religion-und-Politik/ (21.8.2019).
[63] Center for the study of conversion and inter-religious encounters, in: https://in.bgu.ac.il/en/csoc/Pages/About.aspx (21.8.2019).
[64] Medieval encounters, in: https://brill.com/view/journals/me/me-overview.xml (21.8.2019).
[65] Islamochristiana, in: https://en.pisai.it/publications/journals/islamochristiana/ (21.8.2019).
[66] Journal of Transcultural Medieval Studies, in: https://www.degruyter.com/view/j/jtms (21.8.2019).

Enzyklopädien verbinden die Forschungsergebnisse bereits zu neuen Überblicken.[67]

Geographische Schwerpunkte sind schwer auszumachen; tatsächlich werden alle möglichen Regionen in Afro-Eurasien von diesen Forschungen in den Blick genommen. Dazu gehören die iberische Welt, der Mittelmeerraum, die Ostsee, Zentral- und Osteuropa, Zentralasien, die Anrainer des Pazifik zwischen Afrika und China und so fort. Als Beispiel sei auf die Aktivitäten der Mediävistin Nora Berend hingewiesen, die Ungarn in den Fokus internationaler mediävistischer Aufmerksamkeit geholt und seine multireligiöse Geschichte zum Gegenstand gemacht hat. Sie setzt diese darüber hinaus mit anderen, von ihr und anderen so bezeichneten „frontier societies" in Zentral- und Osteuropa in Beziehung.[68] Das Studium der Kreuzfahrerherrschaften lenkt schon lange das Interesse auf das Zusammenleben von Anhängern unterschiedlicher Religionen.[69] In den letzten Jahrzehnten wurden große Fortschritte bei der Untersuchung der jüdischen Gemeinden im Oströmischen Reich erzielt. Sie schlagen sich in vielen Detailstudien und der Bereitstellung digitaler Recherchemittel nieder.[70] Die Suche nach Spuren von Juden und Christen unter islamischer Herrschaft und in Ostasien ist ein

---

67 *David Thomas* et al. (Hrsg.), Christian Muslim relations. A bibliographical history, I-V. (The history of Christian-Muslim relations, 11–18.) Leiden 2009–2013, (umfasst die Literatur bis zum Jahr 1500, zur Neuzeit sind weitere Bände erschienen), https://referenceworks.brillonline.com/browse/encyclopedia-of-jews-in-the-islamic-world (21.8.2019).

68 *Nora Berend*, At the gate of Christendom. Jews, Muslims and 'Pagans' in medieval Hungary, c. 1000–c. 1300. Cambridge 2001; *Nora Berend* (Hrsg.), Christianization and the rise of Christian monarchy. Scandinavia, Central Europe and Rus c. 900–1200. Cambridge 2007; vgl. *Derek Keene/Balázs Nagy/Katalin Szende* (Hrsg.), Segregation – Integration – Assimilation. Religious and ethnic groups in the medieval towns of Central and Eastern Europe. (Historical urban studies.) Farnham 2009.

69 *Claude Cahen*, La Syrie du nord à l'époque des croisades et la principauté franque d'Antioche. Paris 1940; *Joshua Prawer*, Social classes in the Latin kingdom. The Franks, in: *Norman P. Zacour* (Hrsg.), A history of the crusades, V. The impact of the crusades on the Near East., Madison 1985, 117–192; *Dieter Bauer/Klaus Herbers/Nikolas Jaspert* (Hrsg.), Jerusalem im Hoch- und Spätmittelalter. Konflikte und Konfliktbewältigung – Vorstellungen und Vergegenwärtigungen. (Campus historische Studien, 29.) Frankfurt a. Main 2001; *Krijnie N. Ciggaar* (Hrsg.), East and West in the medieval Eastern Mediterranean, I. Antioch from the Byzantine reconquest until the end of the crusader principality. Acta of the congress held at Hernen castle in May 2003. (Orientalia Lovaniensia Analecta, 147.) Leuven 2006; und weitere Bände dieser Konferenzreihe.

70 Z.B. Mapping the Jews of the Byzantine empire, in: http://www.byzantinejewry.net/ (28.8.2019); *Robert Bonfil* et al. (Hrsg.), Jews in Byzantium. Dialectics of minority and majority cultures. Leiden/Boston 2012.

weiterer Kristallisationspunkt interreligiöser Forschung.[71] Durch den lebhaften Austausch der letzten beiden Jahrzehnte können Forscherinnen und Forscher trotz der hohen disziplinären Hürden neuerdings auch beginnen, religiöse Komplexität von Ostasien, Westasien und Europa miteinander zu vergleichen.[72]

Diese Forschung wäre ohne die frühneuzeitlichen und modernen philologischen Grundlagen nicht möglich. Im Kontrast zu anderen Bereichen der Geschichts- und Kulturwissenschaft fällt auf, dass sie überdies nach wie vor großen Wert auf die Erschließung von Quellen legt. Sie ist also mit analogen wie mit digitalen Techniken auf die Erhebung positiver Daten ausgerichtet.[73]

Vielfach ist diese Forschung an spezifischen lokalen Verhältnissen interessiert. Arezou Azad zum Beispiel verfolgte die Entstehung der sakralen Landschaft auf dem Boden des frühislamischen Afghanistan in der Stadt Balkh, vom 8. bis zum 13. Jahrhundert. Sie untersuchte den komplexen Austausch zwischen Muslimen, Zoroastriern und Buddhisten in dieser Region.[74] Diese Arbeit war auch mit intensiver Feldforschung in Afghanistan verbunden, eine für Mediävistinnen und Mediävisten eher ungewöhnliche Tätigkeit. Doch erweist es sich als fruchtbar, Gemeinden und ihre eigenen Perspektiven kennenzulernen, religiöse Landschaften in Augenschein zu nehmen und archäologische Forschungen zu integrieren.[75]

Auch die Beteiligten am ERC-Projekt „JewsEast. Jews and Christians in the East: Strategies of Interaction between the Mediterranean and the Indian Ocean"

---

[71] *Dietmar W. Winkler/Li Tang* (Hrsg.), From the Oxus River to the Chinese Shores. Studies on East Syriac Christianity in China and Central Asia. Berlin u. a. 2013 und andere Bände dieser Konferenzreihe; *Michael Shterenshis*, Tamerlane and the Jews. London/New York 2002.

[72] *Reinhold F. Glei/Nikolas Jaspert* (Hrsg.), Locating Religions. Contact, diversity, and translocality. (Dynamics in the history of religions, 9.) Leiden/Boston 2017, und andere Bände dieser Reihe.

[73] Das gilt etwa für RELMIN (wie Anm. 59), „The center of the study of conversion" (wie Anm. 63) oder „JewsEast. Jews and Christians in the East. Strategies of interaction between the Mediterranean and the Indian Ocean" an der Ruhr-Universität Bochum, https://www.jewseast.org/ (27. 8. 2019).

[74] *Arezou Azad*, Sacred landscape in medieval Afghanistan. Revisiting the Faḍā'il-i Balkh. (Oxford oriental monographs.) Oxford 2013; *Arezou Azad*, The beginnings of Islam in Afghanistan. Conquest, acculturation, and islamization, in: *Nile Green* (Hrsg.), Afghanistan's Islam. From conversion to the Taliban. Oakland 2017, 41–55.

[75] „The Balkh Art and Cultural Heritage Project" arbeitete mit afghanischen Museen und Wissenschaftlern zusammen und bezog unterschiedliche Disziplinen und Spezialisten ein. Arezou Azad hatte gemeinsam mit anderen Wissenschaftlern die Leitung inne, http://krc.orient.ox.ac.uk/balkhheritage/index.php/en/about-us (27. 8. 2019).

an der Ruhr-Universität Bochum sind immer wieder im Feld.[76] Für meine eigene Arbeit war der Austausch mit christlichen und jüdischen Gemeinden von fundamentaler Bedeutung. Der Blick von außen auf vertraute historische Narrative oder die oft grundsätzlichen Anfragen an die Normen und Interessen akademischer Geschichtsschreibung schärfen die historische Analyse. Es ist nützlich zu erfragen, wie die Welt aus einer angefochtenen Identität heraus wahrgenommen wird und welche Handlungsmöglichkeiten Akteurinnen und Akteuren heute zu Gebote stehen.[77]

Gerade die lokalen Forschungen tragen dazu bei, die holzschnittartigen Darstellungen sowohl von Wissenschaftlern als auch von Publizisten zu differenzieren. Differenzierung und Historisierung können daher als ein gemeinsames Ziel und auch als gemeinsamer Nutzen der disparaten Detailforschung betrachtet werden. Es gilt, den pauschalen Urteilen über „das Judentum", „das Christentum" und „den Islam" empirisch zu widersprechen. Die Religionen waren polyzentrisch, dynamisch und auch in sich widersprüchlich.[78] Historische Erscheinungen werden hier nicht einfach auf die Offenbarungsschriften zurückgeführt, wie dies sonst oft die Praxis ist. Vielmehr geht es darum, konkrete historische Bedingungen

---

76 JewsEast. People, in: jewseast.org, https://www.jewseast.org/people (27.8.2019) und der von *Alexandra Cuffel* und *Ophira Gamliel* herausgegebene thematische Band von Entangled Religions 6 (2018): Historical engagements and interreligious encounters – Jews and Christians in premodern and early modern Asia and Africa, ihre Einleitung (1–33), https://er.ceres.rub.de/index.php/ER/issue/view/74 (28.8.2019).

77 Vgl. *Dorothea Weltecke*, Neue aramäische Studien im Kontext studentischer und gesellschaftlicher Initiativen in Deutschland – zur Einleitung, in: *Dies.* (Hrsg.), Neue Aramäische Studien. Geschichte und Gegenwart. Frankfurt a. Main 2017, 1–14. Zu danken ist der jüdischen Gemeinde Konstanz für ihre Gastfreundschaft und ihre Rügen für meine Unachtsamkeit mit dem jüdischen Festkalender. Mittelalterlichen Zeitgenossen in Konstanz war dieser besser bekannt, nicht zuletzt, weil er sich unmittelbar vor ihren Augen in der städtischen Topographie vollzog, vgl. dies., Zur Einführung, in: *Weltecke* (Hrsg.), Zu Gast bei Juden (wie Anm. 30), 5–14.

78 Als Beispiele nur *Steven M. Wasserstrom*, Between Muslim and Jew. The problem of symbiosis under early Islam. Princeton 1995; *Robert Brody*, The geonim of Babylonia and the shaping of medieval Jewish culture. New Haven u. a. 2013 (zuerst 1998); *Frank Griffel*, Apostasie und Toleranz im Islam. Die Entwicklung zu al-Ġazālīs Urteil gegen die Philosophie und die Reaktionen der Philosophen. (Islamic philosophy, theology and science. Texts and studies, 40.) Leiden u. a. 2000; *Claude Gilliot*, Islam, „sectes" et groupes d'opposition politico-religieux (VIIe–XIIe siècles), in: Rives Nord-Méditerranéennes 10 (2002), 35–52; *Marina Rustow*, Heresy and the politics of community. The Jews of the Fatimid caliphate. (Conjunctions of religion and power in the medieval past.) Ithaca 2008; *Daniel Frank/Matt Goldish* (Hrsg.), Rabbinic culture and its critics. Jewish authority, dissent, and heresy in medieval and early modern times. Detroit 2007; *Josef van Ess*, Der Eine und das Andere. Beobachtungen an islamischen häresiographischen Texten. (Studien zur Geschichte und Kultur des islamischen Orients, N. F. 23.) Berlin u.a. 2011; *Thomas Bauer*, Die Kultur der Ambiguität. Eine andere Geschichte des Islams. Berlin 2011.

zu bestimmen und die spezifischen Formen zu identifizieren, unter denen Leben in verschiedenen religiösen Zugehörigkeiten organisiert wurde.

So gab es, um nur ein Beispiel zu nennen, im mittleren Jahrtausend nicht „die Kirche" oder „das Christentum".[79] Vielmehr war seit dem 6. und 7. Jahrhundert ein ganzes System verschiedener christlicher Kirchen in Ost und West vorhanden, das während dieser Periode recht stabil blieb und sich trotz vieler Umbrüche im Verlauf der Neuzeit immer noch erkennen lässt. Dieses System darf man auch nicht, wenn man die mittelalterlichen Verhältnisse adäquat wiedergeben will, als eine Geschichte von Abspaltung und Devianz vom Stamm der römischen Kirche erzählen. Vielmehr müssen Modelle entwickelt werden, die die Kirchen historisch gleichberechtigt nebeneinanderstellen.[80] Die Stimme des römischen Papstes war unter den kirchlichen Oberhäuptern vom Atlantik zum Pazifik nur eine von vielen. Zu den institutionalisierten Kirchen kamen weitere, weniger stark organisierte Gruppen, die von ihren Kirchen jeweils als Häretiker betrachtet wurden. Nur in der Geschichte der lateinischen Kirche führte diese Konstellation zur Ausbildung systematischer weltlicher Bestrafung von Amts wegen.

Was sind die Fragestellungen, mit denen die komplexen religiösen Konstellationen erschlossen werden? Einige wenige Punkte seien hier herausgegriffen: die rechtlichen Bestimmungen, die Dialektik der Normen und der Praktiken, die materielle Kultur. Indem ich sie hier zusammenfasse, scheint sich die Bandbreite der Phänomene wieder zu entdifferenzieren. Dies sei in Kauf genommen, denn wenn neue Modelle entwickelt werden sollen, müssen die Ergebnisse und Beobachtungen wieder verdichtet werden.

Plurale Rechtskulturen, Religion als Kategorie rechtlicher Ungleichheit

Zu allererst ist wohl das Recht als Forschungsproblem zu nennen. Die Rechte der verschiedenen religiösen Gruppen werden seit langem untersucht. Aber in den

---

[79] Hier sei nur auf die Arbeit von *Klaus Koschorke* verwiesen: Polycentric structures in the history of world Christianity (Inaugural lecture), in: *Ders./Adrian Hermann* (Hrsg.), Polycentric structures in the history of world Christianity. Polyzentrische Strukturen in der Geschichte des Weltchristentums Studien zur außereuropäischen Christentumsgeschichte. (Asien, Afrika, Lateinamerika, 25.) Wiesbaden 2017, 15–27 und passim.

[80] Vgl. die von mir vorgeschlagenen Diagramme in *Dorothea Weltecke*, Space, entanglement and decentralization. On how to narrate the transcultural history of Christianity (550 to 1350 AD.), in: *Reinhold F. Glei/Nikolas Jaspert* (Hrsg.), Locating religions. Contact, diversity, and translocality. Leiden u. a. 2017, 315–344.

letzten Jahren wurden die Rechtskulturen der unterschiedlichen religiösen Traditionen zunehmend aufeinander bezogen und dadurch stärker in ihrer gemeinsamen Entwicklung erkennbar. Wissenschaftlerinnen und Wissenschaftler mit unterschiedlicher Spezialisierung tragen hier Material zusammen.[81] Auch hier müssen Quellen erst noch erschlossen werden: Johannes Pahlitzsch edierte zum Beispiel die zum Teil schwer verständliche arabische Übersetzung des griechischen Procheiros Nomos, eines verbreiteten mittelbyzantinischen Rechtsbuchs des 10. Jahrhunderts. Dieses Werk spiegelt die Auseinandersetzung der rum-orthodoxen Gemeinden mit dem griechischen Kirchenrecht, mit der arabischen Sprache und mit der islamischen Herrschaft.[82] Im Vergleich unterschiedlicher christlichen Rechtsbücher Westasiens zeigt sich, in welcher Weise islamische Gewohnheiten und Rechtsquellen rezipiert und wie intensiv die Rechte anderer Kirchen zitiert wurden.[83] Die gleiche Komplexität gilt für die Rechte der dominierenden Religionsgruppen.

Bei allen Unterschieden im Detail, die in den pluralen[84] Rechtstraditionen der dominierenden und der geduldeten religiösen Gruppen zu finden sind, zeigen sich einige strukturelle Gemeinsamkeiten. So mag es überraschen, dass die Duldung religiösen Andersseins zu den mittelalterlichen Normen gehörte. Sowohl unter christlicher als auch unter muslimischer Herrschaft war es bei Strafe und aus religiösen Gründen verboten, Muslime und Juden bzw. Juden und Christen im eigenen Land einfach umzubringen. Das Leben eines Angehörigen dieser unterlegenen Religionen hatte einen rechtlich geringer bemessenen Wert, aber es hatte einen. Der Schutz von Leben, Besitz und Religionsausübung der geduldeten Re-

---

81 *Maribel Fierro/John V. Tolan* (Hrsg.), The legal status of Ḏimmī-s in the Islamic West. Second, eighth-ninth, fifteenth centuries. (Religion and law in medieval Christian and Muslim societies, 1.) Turnhout 2013; *John V. Tolan* et al. (Hrsg.), Jews in early Christian law. Byzantium and the Latin West, 6th–11th centuries. (Religion and law in medieval Christian and Muslim societies, 2.) Turnhout 2014; *Berendt et al (Hrsg.)*, Religious minorities (wie Anm. 51); *Thomas Duve/Raja Sakrani*, Introduction. Convivencia(s), in: Rechtsgeschichte/Legal History 26 (2018), 92–94; vgl. überhaupt Rechtsgeschichte – Journal of the Max-Planck-Institute for European Legal History 1 (2002) und folgende (fortlaufend): http://rg.rg.mpg.de/en/Rg01 (27. 8. 2019).
82 *Johannes Pahlitzsch*, Der arabische *Procheiros Nomos*. Untersuchung und Edition der Übersetzung eines byzantinischen Rechtstextes. (Forschungen zur byzantinischen Rechtsgeschichte, 31.) Frankfurt a. Main 2014.
83 *Hubert Kaufhold*, Sources of canon law in the Eastern churches, in: *Wilfried Hartmann/Kenneth Pennington* (Hrsg.), The history of Byzantine and Eastern canon law to 1500. Washington 2012, 215–342; *Lev E. Weitz*, Syriac Christians in the medieval Islamic world. Law, family, and society. PhD Princeton University 2013, siehe https://dataspace.princeton.edu/jspui/handle/88435/dsp01ng451h571 (17. 9. 2019).
84 *Mathieu Tillier*, Introduction. Le pluralisme judiciaire en Islam, ses dynamiques et ses enjeux, in: Bulletin d'études orientales 63 (2014), 23–40.

ligionen wurde als Vertrag bzw. als Privileg zwischen Überlegenen und Unterlegenen verstanden. Der Schutz war von den Unterlegenen mit besonderer Loyalität und mit besonderen Steuern abzugelten.[85]

Der Gedanke des Vertrags und des gnädigen Privilegs erlaubte den Angehörigen der dominierenden Religion rechtliche Zugeständnisse je nach ihren lokalen Interessen. So konnten für die geduldeten religiösen Gruppen andere Regeln in der Wirtschaft gelten wie im Geldhandel und im Zinswesen. Juden in der lateinischen Welt oder Juden und Christen in der islamischen Welt wurde erlaubt, Kredite gegen Zinsen zu geben und so Finanzierungen zu ermöglichen. Zugleich ließen sich theologische und ethische Bedenken auf diese Weise auf andere Gruppen ablenken.[86] Die Diskriminierung und die Privilegien für die geduldeten Gemeinden ermöglichten es auch, Angehörige dieser religiösen Traditionen in den Zentren der Macht einzusetzen.[87] Das war von Vorteil, weil sie in die Machtstrukturen der dominierenden religiösen Gruppen nicht eingebunden waren. Sie gehörten weder dem Adel noch den mächtigen Familien an und stellten daher für

---

[85] Neben den genannten an neueren Titeln *Raja Sakrani*, The Dhimmi as the other of multiple convivencias in Al-Andalus. Protection, tolerance and domination in Islamic law, in: Rechtsgeschichte/Legal History 26 (2018), 95–138; *Milka Levy-Rubin*, Non-Muslims in the early Islamic empire. From surrender to coexistence. Cambridge 2011; *Sandra Brand-Pierach*, Ungläubige im Kirchenrecht. Die kanonistische Behandlung der Nichtchristen als symbolische Manifestation politischen Machtwillens, Diss. Konstanz 2004, http://nbn-resolving.de/urn:nbn:de:bsz:352-opus-13005 (17.9.2019); *Christine Magin*, „Wie es umb der iuden recht stet". Der Status der Juden in spätmittelalterlichen deutschen Rechtsbüchern. Göttingen 1999; *Yvonne Friedmann*, Classification of unbelievers in Sunnī Muslim law and tradition, in: Jerusalem Studies in Arabic and Islam 22 (1998), 163–195; *Alfred Haverkamp*, „Kammerknechtschaft" und „Bürgerstatus" der Juden diesseits und jenseits der Alpen während des späten Mittelalters, in: *Michael Brenner/Sabine Ullmann* (Hrsg.), Die Juden in Schwaben. (Studien zur jüdischen Geschichte und Kultur in Bayern, 6.) München 2013, 11–40.
[86] *Fabian Wittreck*, Interaktion religiöser Rechtsordnungen. Rezeptions- und Translationsprozesse dargestellt am Beispiel des Zinsverbots in den orientalischen Kirchenrechtssammlungen. Berlin 2009; *Matthias Casper/Norbert Oberauer/Fabian Wittreck* (Hrsg.), Was vom Wucher übrigbleibt. Zinsverbote im historischen und interkulturellen Vergleich. Tübingen 2014; *Hans-Jörg Gilomen*, Wucher und Wirtschaft im Mittelalter, in: Historische Zeitschrift 250 (1990), 265–301; *ders.*, Das kanonische Zinsverbot und seine theoretische und praktische Überwindung? Mitte 12. bis 14. Jahrhundert, in: *Werner Maleczek* (Hrsg.), Die Römische Kurie und das Geld. Von der Mitte des 12. Jahrhunderts bis zum frühen 14. Jahrhundert. Ostfildern 2018, 405–449.
[87] *Cécile Cabrol*, Les secrétaires nestoriens dans l'empire abbasside de 762 à 1258, Parole de l'Orient 25 (2000), 407–491; *Gundula Grebner* (Hrsg.), Kulturtransfer und Hofgesellschaft im Mittelalter. Wissenskultur am sizilianischen und kastilischen Hof im 13. Jahrhundert. Berlin 2008; *Marc von der Höh/Jenny Oesterle/Nikolas Jaspert* (Hrsg.), Cultural brokers at mediterranean courts in the Middle Ages. Paderborn 2013.

Herrscher keine direkte Gefahr dar. Außerdem konnten sie als Gelehrte, Verwalter oder Ärzte bestimmte spezialisierte Aufgaben übernehmen.[88]

Zur Regelung der internen Angelegenheiten dieser geduldeten religiösen Gruppen unter christlicher und islamischer Herrschaft wurden deren eigene Rechte akzeptiert beziehungsweise besondere Repräsentanten und Institutionen eingesetzt.[89] Sie konnten also ihre Ehen, ihre Verträge und ihre Rechtsstreitigkeiten viele Jahrhunderte im Wesentlichen selbst regeln. Das ist kein überraschender Vorgang, sondern auch sonst in den mittelalterlichen Jahrhunderten das Mittel, unterschiedliche Gruppen zu integrieren.[90] Es gab keine Gleichheit der Menschen vor dem Gesetz. Sie hatten auch sonst einen je unterschiedlichen Rechtsstatus, etwa gemäß ihrem Geschlecht, ihrer Geburt oder ihrer Herkunft. In diesem Geflecht rechtlicher Ungleichheiten wurde auch die Religion eine Kategorie der rechtlichen Unterscheidung im ganzen westlichen Asien, in Europa und im nördlichen Afrika. Dies war die entscheidende Innovation, die diesen Raum und die Religionen geprägt hat.

Neben den Geduldeten gab es immer auch religiöse Gruppen, die von den Dominierenden nicht geduldet wurden. In den Rechtstexten konnten die jeweils herrschenden Christen die Muslime, Juden und Häretiker allgemein als „Ungläubige" bezeichnen. Im Detail jedoch wurde sorgfältig zwischen den akzeptierten und den nicht geduldeten „Ungläubigen" – Häretikern und Apostaten – unterschieden. Welche Individuen und Gruppen genau von dieser rechtlichen Ausgrenzung betroffen wurden, war von komplexen Prozessen abhängig, von denen die Entwicklung der Theologie nur einen Teil bildet. Aus muslimischer Sicht unterschied man Dhimmis – das waren u. a. Juden und Christen – die toleriert wurden von Polytheisten und Apostaten. Die Abgrenzun-

---

88 *Johannes Pahlitzsch*, Ärzte ohne Grenzen. Melkitische, jüdische und samaritanische Ärzte in Ägypten und Syrien zur Zeit der Kreuzzüge, in: *Kay Peter Jankrift/Florian Steger* (Hrsg.) Gesundheit – Krankheit. Kulturtransfer medizinischen Wissens von der Spätantike bis in die Frühe Neuzeit. Köln 2004, 101–119; *Benjamin Z. Kedar*, Jews and Samaritans in the Crusading Kingdom of Jerusalem, in: Tarbiz 53 (1984), 387–408.
89 Wie Anm. 86, 88.
90 Hierzu: *Peter Johanek* (Hrsg.), Sondergemeinden und Sonderbezirke in der Stadt der Vormoderne. (Städteforschung. Reihe A, Darstellungen, 59.) Köln/Weimar/Wien 2004; *David Jacoby*, Foreigners and the urban economy in Thessalonike, ca. 1150–1450, in: Dumbarton Oaks Papers 57 (2003), 85–132; *Ralph-Johannes Lilie*, Zur Stellung von ethnischen und religiösen Minderheiten in Byzanz. Armenier, Muslime und Paulikianer, in: *Walter Pohl* (Hrsg.), Visions of community in the post-Roman world. The West, Byzantium and the Islamic world. Farnham 2012, 301–315; *Jäschke* et al. (Hrsg.) Vieler Völker Städte (wie Anm. 54); *Keene/Nagy/Szende* (Hrsg.), Segregation (wie Anm. 68); *Yohanan Friedmann*, Tolerance and coercion in Islam. Interfaith relations in the Muslim tradition. Cambridge 2003.

gen in den islamischen Kulturen waren flüssiger als in den christlichen Regionen. Das mag versuchsweise mit ihrer internen Dynamik und Pluralität, aber auch mit ihren Kontakten zu vielen hochdifferenzierten Kulturen erklärt werden.[91] Auf die historischen Prozesse im rechtlichen Umgang mit Zoroastriern, Buddhisten und Hindus etwa, die ebenfalls den Status der Duldung erlangen konnten, kann hier nur verwiesen werden.[92] Auch die Beziehungen zwischen den verschiedenen Strömungen wie Sunniten und Schiiten sind rechtlich komplex. Indessen definierten auch die Muslime „Unglauben" beziehungsweise „Apostasie" als rechtliche Kategorien der sozialen Ausgrenzung. Die nicht Geduldeten hatten dann keine positiven Rechte – weder auf Religionsausübung noch Besitz noch schließlich, im äußersten Fall, auf ihr Leben.[93]

Dass Religion als rechtliche und soziale Kategorie etabliert wurde und bestimmte religiöse Strömungen nicht nur theologisch, sondern auch in verschiedener Schärfe politisch und sozial ausgegrenzt wurden, hängt mit der Funktion von Glauben in diesen Jahrhunderten zusammen. Glauben war eine Beziehungskategorie.[94] Die persönliche Überzeugung war nicht unwichtig, versteht sich. Doch in erster Linie wurde Glauben als individuelle und kollektive Treue Gott gegenüber

---

[91] *Michael Cook*, The centrality of Islamic cultures, in: *Kedar/Wiesner-Hanks* (Hrsg.), Expanding webs (wie Anm. 31), 385–414; *Azfar A. Moin*, Sovereign violence. Temple destruction in India and shrine desecration in Iran and Central Asia, in: Comparative Studies in Society and History 57/2 (2015), 467–496.

[92] Verwiesen sei hier nur auf die neuen Enzyklopädien und Handbücher zu Zentralasien und Indien, nebst der Encyclopedia of Islam² und THREE. http://dx-1doi-1org-10078dap10474.erf.sbb.spk-berlin.de/10.1163/1573–3912_islam_SIM_2884 (29.08.2019); *Hans Martin Krämer/Jenny Rahel Oesterle/Ulrike Vordermark* (Hrsg.), Labeling the religious self and others. Reciprocal perceptions of Christians, Muslims, Hindus, Buddhists, and Confucians in medieval and early modern times. (Comparativ. Themenband, 20/4.) Leipzig 2010; *Luke B. Yarbrough*, Friends of the emir. Non-Muslim state officials in premodern Islamic thought. Cambridge 2019; *Audrey Truschke*, The power of the Islamic sword in narrating the death of Indian Buddhism, in: History of Religions 57/4 (2018), 406–435; sehr kontrovers diskutiert wurde *John Elverskog*, Buddhism and Islam on the Silk Road. Philadelphia 2010.

[93] Wie Anm. 86, 88; *Peter Segl*, Mediävistische Häresieforschung, in: *Hans-Werner Goetz* (Hrsg.), Die Aktualität des Mittelalters. (Herausforderungen, 10.) Bochum 2000, 107–133; *Hanaa H. Kilany Omar*, Apostasy in the Mamluk period. The politics of accusations of unbelief. Diss. 2001, UMI Microform 3015353; *Camilla Adang* et al. (Hrsg.), Accusations of unbelief in Islam. A diachronic perspective on Takfir. (Islamic history and Civilization, 123.) Leiden 2016; *Andrew P. Roach/Maja Angelovska-Panova*, Punishment of heretics. Comparisons and contrasts between Western and Eastern Christianity in the Middle Ages, in: Journal of History 47/1 (2012), 145–170; *Jörg Oberste*, Ketzerei und Inquisition im Mittelalter. Darmstadt 2007.

[94] *Dorothea Weltecke*, „Der Narr spricht: Es ist kein Gott". Atheismus, Unglauben und Glaubenszweifel vom 12. Jahrhundert bis zur Neuzeit. (Campus Historische Studien, 50.) Frankfurt a. Main 2010.

verstanden, aber auch als Loyalität der gesellschaftlichen Ordnung und dem Herrscher gegenüber.[95] Die staatlichen Strukturen auf den Ruinen des römischen und des persischen Imperiums waren vergleichsweise schwach und oft von personalen Bindungen abhängig. Die Monarchen verstärkten ihre Position, indem Treue zu ihnen mit der Treue zu Christus oder mit der Nachfolge Mohammeds verbunden wurde.[96] Das unterscheidet christliche und islamische Herrscher etwa von chinesischen, wenn auch letztere ebenfalls religiöse Kulturen kontrollieren wollten.[97]

Wer diese Zugehörigkeit ablehnte, war nicht gläubig, nicht treu; wer nicht gläubig war, der war ein Rebell.[98] Bei Aufständen und internen Kriegen lässt sich das tatsächlich oft nicht trennen.[99] Vor allem stellte es Angehörige anderer Religionen rechtlich ins Abseits. Wenn nun also Herrscher und religiöse Eliten unter den Ungläubigen bestimmte Personen und Verbände mit Zusagen, Rechten und Privilegien ausstatteten, dann, weil sie sich damit als gnädig und großmütig zeigen konnten, weil man auf die Geduldeten angewiesen oder an ihren Fertigkeiten interessiert war. Man besaß auch nicht die Herrschaftsmittel, religiöse

---

95 *Herbert Helbig*, Fidelis dei et regis. Zur Bedeutungsentwicklung von Glaube und Treue im hohen Mittelalter, in: Archiv für Kulturgeschichte 33 (1951), 275–306; *John Van Engen*, Faith as a concept of order in medieval Christendom, in: *Ders.* (Hrsg.), Religion in the history of the medieval West. Aldershot u. a. 2004, 19–67 (zuerst 1991); *Anna Akasoy*, Anna, Paganism and Islam. Medieval Arabic literature on religions in West Africa, in: *Carlos Steel/John Marenbon/Werner Verbeke* (Hrsg.), Paganism in the Middle Ages. Threat and fascination. (Mediaevalia Lovaniensia.) Leuven 2012, 207–238; *Susanne Lepsius/Susanne Reichlin* (Hrsg.), Fides/Triuwe. (Das Mittelalter. Perspektiven mediävistischer Forschung, 20/2.) Berlin 2015.
96 *Aziz Al-Azmeh/Janos M. Bak* (Hrsg.), Monotheistic kingship. The medieval variants. (CEU medievalia.) Budapest 2004; *Wolfram Drews* (Hrsg.), Monarchische Herrschaftsformen der Vormoderne in transkultureller Perspektive. Berlin 2015; *Almut Höfert*, Kaisertum und Kalifat. Der imperiale Monotheismus im Früh- und Hochmittelalter. (Globalgeschichte, 21.) Frankfurt a. Main 2015; oft vernachlässigt sind die nichtlateinischen christlichen Herrscher, daher hier nur: *Marie-Laure Derat* (Hrsg.), L'enigme d'une dynastie sainte et usurpatrice dans le royaume chrétien d'Ethiopie du XIe au XIIIe siècle. (Hagiologia, 14.) Turnhout 2018.
97 Z. B. *Anthony C. Yu*, State and religion in China. Historical and textual perspectives. Chicago 2005; *Marc S. Abramson*, Ethnic identity in Tang China. Philadelphia 2008.
98 Vgl. *Helmut Schmeck*, Infidelis. Ein Beitrag zur Wortgeschichte, in: Vigiliae Christianae 5 (1951), 129–147; *Hans Daiber*, Rebellion gegen Gott. Formen atheistischen Denkens im frühen Islam, in: *Friedrich Niewöhner/Olaf Pluta* (Hrsg.), Atheismus im Mittelalter und in der Renaissance. Wiesbaden 1999, 23–44; *Akasoy*, Paganism (wie Anm. 95); auch im Äthiopischen: *Sophia Dege-Müller*, Sophia, Between heretics and Jews. Inventing Jewish identities in Ethiopia, in: Entangled Religions 6 (2018), 247–308.
99 *Scott L. Waugh/Peter D. Diehl* (Hrsg.), Christendom and its discontents. Exclusion, persecution, and rebellion, 1000–1500. Cambridge 1996; *Steven Justice*, Writing and rebellion. England in 1381. Berkeley 1994; *Lilie*, Zur Stellung von ethnischen und religiösen Minderheiten (wie Anm. 90).

Einheit zu erzwingen. Das wurde erst in der Neuzeit möglich.[100] Diese rechtlichen Zugeständnisse ließen sich darüber hinaus theologisch auf unterschiedliche Weise begründen, nicht selten durch den im Christentum und im Islam verbreiteten Inklusivismus. Dieser konnte dem älteren „Bund" oder den vorgehenden „Büchern" in Grenzen Teilhabe an der Wahrheit Gottes zuerkennen, und sei es nur als Zeugen ihrer eigenen Unzulänglichkeit in der Diktion des Augustinus.[101] Nur für die Abtrünnigen in den eigenen Reihen oder für Leute, die nicht den Einen Gott kannten, konnte es keine Verträge geben. Wie sich indessen zeigt, ließen sich auch hierfür Ausnahmen finden.[102]

In der Forschung der letzten Jahre sieht man sehr viel genauer als früher, dass die Entstehung dieser unterschiedlichen Regelungen, ihre Deutung und ihre Systematisierung ein langsamer Prozess war, der die ganze Zeit des Mittelalters über fortdauerte. Es war also keineswegs schon der Kalif Umar (634–644), unter dem der Vordere Orient für die Muslime erobert wurde, der die Privilegierung und Diskriminierung von Juden und Christen eingeführt hätte. Milka Levi-Rubin untersuchte, wie die ihm zugeschriebenen Regelungen erst allmählich bis ins 8. und 9. Jahrhundert christlicher Zeitrechnung entstanden. Es dauerte also volle 200 Jahre.[103] Für menschliche Erfahrungsräume ist das zu lang. Dahinter stand auch nicht ein einzelner Kalif, der mit einem Handstreich ein Gesetz hätte erlassen oder ein Privileg hätte aussprechen können. Vielmehr gab es regionale Verträge, verschiedene Interessen, liberalere und strengere Auffassungen in den entstehenden islamischen Rechtsschulen.[104]

In einem komplizierten Prozess führten die Diskussionen zu einer Kanonisierung, aber die Regelungen standen nie ganz fest. Das Gleiche kann man auch über die komplizierte Geschichte des Judenrechts sagen, dass sich aus dem Rö-

---

100 Über die Bedeutung der Epochenschwelle in dieser Hinsicht z. B. *Friedrich J. Battenberg*, Rechtliche Aspekte der vormodernen aschkenasischen Judenschaft in christlicher Umwelt. Zu einem Paradigmenwechsel im Judenrecht im frühen 16. Jahrhundert, in: *Eveline Brugger/Birgit Wiedl* (Hrsg.), Ein Thema – zwei Perspektiven. Juden und Christen in Mittelalter und Frühneuzeit. Innsbruck u. a. 2007, 9–33; *Dorothea Weltecke*, „End in tears"? Über religiöse Komplexität und das Ende des Mittelalters, in: Annali 44 (2018), 121–154.
101 *Bernhard Blumenkranz*, Juifs et chrétiens. Patristique et Moyen Âge. London 1977.
102 *Berend*, At the gate of Christendom (wie Anm. 68); *Akasoy*, Paganism (wie Anm. 95); *Berend* (Hrsg.), Christianization (wie Anm. 68); *Stefan Kwiatkowski*, Der Deutsche Orden im Streit mit Polen-Litauen. Eine theologische Kontroverse über Krieg und Frieden auf dem Konzil von Konstanz (1414–1418). Stuttgart 2000.
103 *Milka Levi-Rubin*, Shurût ʿumar and its alternatives. The legal debate on the status of the dhimmis, in: Jerusalem Studies in Arabic and Islam 30 (2005), 170–206.
104 *Friedmann*, Tolerance and coercion (wie Anm. 90); *Levy-Rubin*, Non-Muslims in the early Islamic empire (wie Anm. 85).

mischen Recht und seinen Auslegungen, dem Kirchenrecht und den Privilegien zusammensetzt.[105] Besonders widersprüchlich mit Privilegien von Bischöfen, Königen, Städten, dem Papst und dem Kaiser wurde das Judenrecht in der lateinischen Welt. Es war deshalb im Vergleich besonders unzuverlässig. [106] Im Oströmischen Reich dagegen hat es sich über die Jahrhunderte für die Juden als relativ stabiler Schutz erwiesen.[107]

Aber die Rechte sind nicht nur als Quelle für die Normen interessant, die Setzung von Recht selbst war vielmehr eine kulturelle und religiöse Praxis, die auch die internen politischen Beziehungen strukturierte.[108] Das Reden über die Geduldeten und die rechtliche Definition von Normen und Grenzen legitimierte vor allem die eigene Autorität und bewies Handlungsfähigkeit derer, die es betrieben. Klaus Lohrmann hat 1990 darauf hingewiesen, dass das Judenrecht in Österreich in der Konkurrenz zwischen Fürsten und Städten oder zwischen unterschiedlichen kirchlichen Instanzen als Strategie genutzt wurde, um sich hier Stimme und Autorität zu verschaffen. Ein konkreter Regelbedarf hinsichtlich der Juden bestand dagegen nicht.[109] Diese Beobachtung lässt sich durchaus verallgemeinern. Je mehr interne Konkurrenzkämpfe um politischen und religiösen Einfluss ausgefochten wurden, desto mehr wurde über Geduldete und nicht Geduldete gesprochen und desto mehr Traktate, Gesetze und Kommentare wurden verfasst. Gleichzeitig entfalteten sich die Rechte der geduldeten Gemeinden ih-

---

105 *Amnon Linder*, The Jews in the legal sources of the Early Middle Ages. Detroit 1997; *Magin*, „Wie es umb der iuden recht stet" (wie Anm. 85); *Tolan* et al. (Hrsg.), Jews in early Christian law (wie Anm. 81).
106 *Friedhelm Burgard/Alfred Haverkamp/Gerd Mentgen* (Hrsg.), Judenvertreibungen im Mittelalter und früher Neuzeit. (Forschungen zur Geschichte der Juden. Abt. A. Abhandlungen, 9.) Hannover 1999; *Gilomen*, Städtische Sondergruppen im Bürgerrecht (wie Anm. 57); *Haverkamp*, „Kammerknechtschaft" (wie Anm. 85); *Christoph Cluse*, Darf ein Bischof Juden zulassen? Die Gutachten des Siffridus Piscator OP (gest. 1473) zur Auseinandersetzung um die Vertreibung der Juden aus Mainz. (Arye Maimon Institut für Geschichte der Juden. Studien und Texte, 7.) Trier 2013; *Lukas Clemens/Christoph Cluse*, European Jewry around 1400. Disruption, crisis, and resilience. Problems and research perspectives, in: *Dies.* (Hrsg.), The Jews of Europe around 1400. Disruption, crisis, and resilience. (Forschungen zur Geschichte der Juden. Abt. A. Abhandlungen, 27.) Wiesbaden 2018, 1–30.
107 *Jacoby*, Foreigners (wie Anm. 90); *Tolan* et al. (Hrsg.), Jews in early Christian law (wie Anm. 81); *Bonfil* et al. (Hrsg.), Jews in Byzantium (wie Anm. 70).
108 *Daniel Witte/Werner Gephart* (Hrsg.), Recht als Kultur? Beiträge zu Max Webers Soziologie des Rechts. (Schriftenreihe des Käte Hamburger Kollegs „Recht als Kultur".) Frankfurt a. Main 2017; *Andreas Engelmann*, Recht als Kultur – Rechtswissenschaft als Kulturwissenschaft, in: Rechtsphilosophie 5/2 (2019), 129–141.
109 *Klaus Lohrmann*, Judenrecht und Judenpolitik im mittelalterlichen Österreich. (Handbuch zur Geschichte der Juden in Österreich, 1.) Wien u. a. 1990.

rerseits, also beispielsweise die Rechtsbücher der orientalischen Kirchen,[110] die Gewohnheiten und Regelungen der jüdischen Gemeinden in Aschkenas, die Rechtssammlungen von Muslimen, die in Spanien unter christliche Herrschaft gerieten. Es versteht sich, dass diese Rechtstraditionen auch aufeinander reagierten. Auch die Eliten der Geduldeten nutzten das Recht für ihre Legitimierung, wie etwa um die Rechtshoheit der Bischöfe unter islamischer Herrschaft oder die Autorität der jüdischen und islamischen Richter im christlichen Spanien zu bekräftigen.[111] Die Bevölkerung konnte die Pluralität der Rechte durchaus zu ihrem Vorteil wenden, indem sie zwischen Richtern, Zuständigkeiten und Rechtstraditionen navigierte.[112]

Dialektik zwischen Normen und Praxis: Zusammenleben und Gewalt

Verbunden mit der Erforschung des Rechts ist die Frage, in welchem Verhältnis die Normen zur Praxis standen: Wie wurden die Beziehungen zwischen dominierenden und geduldeten Religionsgemeinden konkret im Alltag gestaltet? Wie interagierten unterschiedliche geduldete Gruppen, zum Beispiel christliche Kirchen und Juden unter islamischer Herrschaft in einer Stadt?[113] Historikerinnen und Historiker setzen auch die verschiedenen Kategorien der sozialen und rechtlichen Ungleichheit – Religion, Geschlecht oder Herkunft – miteinander in

---

110 *Kaufhold*, Sources of canon law (wie Anm. 83); *Iris Colditz/Benjamin Jokisch/Maria Macuch* (Hrsg.), Transferprozesse in spätantiken Rechtssystemen. Rezeption, Transformation und Rekontextualisierung von Rechtsbegriffen. (Episteme in Bewegung, 10.) Wiesbaden 2017.
111 Z. B. *Andreas Lehnardt*, „Siddur Rashi" und die Halakha-Kompendien aus der Schule Rashis, in: *Daniel Krochmalnik/Hanna Liss/Ronen Reichman* (Hrsg.), Raschi und sein Erbe. Internationale Tagung der Hochschule für Jüdische Studien mit der Stadt Worms. (Schriften der Hochschule für Jüdische Studien, 10.) Heidelberg 2007, 65–100; *Jeffrey R. Woolf*, French halakhic tradition in the late Middle Ages, in: Jewish History 27 (2013), 1–20; *Ana Echevarría Arsuaga/Juan Pedro Monferrer Sala/John V. Tolan* (Hrsg.), Law and religious minorities in medieval societies. Between theory and praxis. De la teoría legal a la práctica en el derecho de las minorías religiosas en la edad media. (Religion and law in medieval Christian and Muslim societies, 9.) Turnhout 2016.
112 *Uriel L. Simonsohn*, A common justice. The legal allegiances of Christians and Jews under early Islam. (Divinations. Rereading late Ancient Religion.) Philadelphia 2011; *Delfina Serrano*, Forum shopping in al-Andalus (II). Discussing Coran V, 42 and 49 (Ibn Hazm, Ibn Rushd al-Jadd, Abu Bakr Ibn al-'Arabi and al-Qurtubi), in: *Arsuaga/Sala/Tolan* (Hrsg.), Law and religious minorities (wie Anm. 111), 173–196.
113 S. oben JewsEast (wie Anm. 73); *Rustow*, Heresy (wie Anm. 78).

Beziehung und fragen danach, wie die jeweiligen konkreten Verhältnisse ausgehandelt wurden.[114]

Dabei stellt sich heraus, dass die älteren rechtsgeschichtlichen Auffassungen zur Stellung der Geduldeten massiv korrigiert werden müssen. Früher hat man die Normen beim Wort genommen und von der Norm auf die Wirklichkeit geschlossen. In den Detailstudien der letzten Jahrzehnte ist mehr und mehr zu erkennen, dass diese Normen Programm und eine wirkungsmächtige kulturelle Praxis gewesen waren, um sich in politischen Konstellationen Gehör zu verschaffen. Das Zusammenleben folgte jedoch auch anderen Prinzipien, die in je zu bestimmendem Verhältnis zu den Normen standen. Erst aus der spezifischen Verbindung von Normen und Praktiken entstand die spezifische Ordnung der Gesellschaft, ihr Dispositiv. Die Praktiken konnten schlicht den Normen zuwiderlaufen, ohne dass dies verhindert wurde – wie z. B. beim Sklavenhandel, der trotz Verboten stattfand –,[115] sie konnten Normen vorausgehen oder durch deren Änderung allmählich Legitimität erhalten. Normen mochten allgemein formuliert, doch nur für spezifische Kommunikationssituationen als maßgeblich aufgefasst oder aber ignoriert werden. Auch gab es regional und diachron je sehr verschiedene Interpretationen. Wie zu sehen sein wird, ist diese Spannung zwischen Norm und Praxis nicht einfach als „Toleranz" zu werten – dieses Wort ist ohnehin für die Analyse der mittelalterlichen Verhältnisse durch seine anachronistischen Konnotationen und seine normativen Interpretationen in der Gegenwart schlecht geeignet. Diese Spannung hat selbst ambivalenten Charakter, wie schon das Beispiel des Sklavenhandels zeigt: Die Normen zu ignorieren mochte das Zusammenleben zwischen den dominierenden und den geduldeten Gruppen erleichtern oder ermöglichen. Dies konnte aber auch Privilegien und Verbote außer Kraft setzen und auf diese Weise das Leben der Geduldeten erschweren oder

---

114 *Dorothea Weltecke*, Zum syrisch-orthodoxen Leben in der mittelalterlichen Stadt und zu den Hūddōyē (dem Nomokanon) des Bar ʿEbrōyō, in: *Peter Bruns/Heinz O. Luthe* (Hrsg.), Orientalia Christiana. Festschrift für Hubert Kaufhold zum 70. Geburtstag. Wiesbaden 2013, 586–613; *Nirenberg*, Communities of violence (wie Anm. 51); *Pahlitzsch*, Ärzte ohne Grenzen (wie Anm. 88); *Georg Christ* et al. (Hrsg.), Union in separation. Diasporic groups and identitites in the Eastern Mediterranean (1100–1800). Rom 2015; *Reuven Amitai/Christoph Cluse* (Hrsg.), Slavery and the slave trade in the Eastern Mediterranean (c. 1000–1500 CE). (Mediterranean Nexus 1100–1700, 5.) Turnhout 2018; *Katalin Gönczi*, Vielfalt, Integration und Autonomie im Donau- und Karpatenraum bis zum Ende des 13. Jahrhunderts, in: *Rüdiger Fikentscher* (Hrsg.), Integrationskulturen in Europa. (mdv aktuell, 9.) Halle (Saale) 2013, 142–153; *Heiner Lück*, Integration durch Recht. Flamen, Franken, Schwaben, Sachsen, Slawen und Juden im Entstehungsgebiet des Sachsenspiegels, in: Integrationskulturen (wie oben in dieser Anm.), 72–100.
115 Z. B. *Kurt Franz*, Slavery in Islam. Legal norms and social practice, in: *Amitai/Cluse* (Hrsg.), Slavery and the slave trade (wie Anm. 114), 51–141; und weitere Beiträge in diesem Band.

zerstören. Wie die Normen also jeweils zu werten sind und in welchem Verhältnis sie zu den Praktiken standen, ist eine komplizierte Frage, die nur durch empirische Detailforschung beantwortet werden kann. Hier muss es bei einigen Bemerkungen bleiben, die sich im Folgenden zunächst dem für beide Seiten ersprießlichen Miteinander zuwenden sollen.

So stellt man fest, dass insbesondere das Ideal der sozialen Segregation durch Kleidung, Wohnort und gesellschaftlichen Umgang eben oft nicht verwirklicht wurde. Mein Forschungs- und Ausstellungsprojekt zur Geschichte der Juden in Konstanz konfrontierte die in der Stadt festsitzende historische Vorstellung, dass Juden im Mittelalter in einem Ghetto außerhalb der Mauern hätten leben müssen, dass sie durch Kleidung äußerlich gekennzeichnet gewesen wären und dass sie in der Stadt keine Häuser hätten besitzen dürfen. Dagegen ist zu festzustellen, dass Juden in Konstanz christliche Nachbarn hatten, Immobilien besaßen und im Zentrum der Stadt lebten.[116] In vielen Jahren der Suche nach Quellen ist es uns nicht gelungen, die Frage zu beantworten, ob die Juden am Bodensee im Alltag anders gekleidet waren als die Christen jeweils ihres vergleichbaren sozialen Status. So wurden Juden etwa im Ravensburger Stadtrecht von 1420, das von Ulm übernommen wurde, gemeinsam mit Ärzten und Priestern veranschlagt. Nur ihnen wurden silberne Gürtel zugestanden.[117]

Noch in den ersten Jahrzehnten des 14. Jahrhunderts nutzten die Juden im Bodenseeraum den sogenannten Judenhut zwar von sich aus selbstbewusst auf ihren Siegeln und in der eigenen Ikonographie.[118] Dass sie ihn gewöhnlich auch auf dem Kopf trugen, lässt sich daraus nicht ableiten. Koschere Kleidung forderten freilich ihre eigenen Autoritäten. Doch das sehr konkrete Verbot der modischen gestreiften Tuche und des Gebrauchs des eben in dieser Region hergestellten und populären Barchents lässt eher vermuten, dass viele es damit nicht so genau nahmen.[119] Die 1215 auf dem IV. Laterankonzil verabschiedete Forderung

---

116 *Weltecke* (Hrsg.), Zu Gast bei Juden (wie Anm. 30), darin u. a. die Beiträge von *Mareike Hartmann*, Topographie jüdischer Wohnorte am Bodensee, 104–108; *Lukas-Daniel Barwitzki*, Die rechtliche Stellung der Juden in den Städten des westlichen Bodenseeraumes, 140–143.
117 Ravensburg, Spitalarchiv, Stadtrechte Handschrift C, fol. LIXa, Nr. 254, dazu *Katharina Pöss*, Die Ravensburger Judengemeinde, in: *Weltecke* (Hrsg.), Zu Gast bei Juden (wie Anm. 30), 164–166; *dies.*, Kleidervorschrift Ravensburg, in: ebd., 168.
118 *Sabrina Restle/ Julia Zeller*, Bildliche Darstellungen von Juden am Bodensee im Mittelalter, in: *Weltecke* (Hrsg.), Zu Gast bei Juden (wie Anm. 30), 148–152; *Vanessa Fitzner*, Judenhüte am Bodensee, in: ebd., 144–147; *Vera Kreutzmann*, Drei jüdische Siegel an einer Überlinger Urkunden zum Verkauf eines Weinbergs, in: ebd., 171–172; *Andreas Lehnertz*, Vier Judensiegel aus Zürich und Schaffhausen, in: ebd., 172–174.
119 *Ingrid Kaufmann*, Jüdisches Leben im Spiegel des Zürcher SeMaQ. Kleiderordnungen als Beispiel für die jüdisch-christliche Auseinandersetzung, in: Judaica 67/2 (2011), 146–177; *Dies.*, Ein

zur Kennzeichnung der Juden (nicht zum Tragen des Hutes, wie vielfach fälschlich zitiert) wurde 1254 vom Papst zwar unmissverständlich angemahnt. Doch geschah dies im Kontext eines Streites zwischen dem Bischof von Konstanz und dem Abt der Reichenau. Letzterer war in Rom vorstellig geworden und hatte offensichtlich versucht, die Position des Bischofs beim Papst mit dem Argument zu untergraben, der Bischof vernachlässige seine Pflichten. Ob dieser Kanon anschließend durchgesetzt wurde, ist unbekannt. Da aber die im ganzen Bodenseeraum an einer Hand abzuzählenden Bemerkungen im weltlichen Recht und im Kirchenrecht zu diesem Aspekt erst wieder im 15. Jahrhundert zu finden sind und aus Prozessakten gleichfalls schlechterdings nichts zu Übertretungen oder Erzwingungen der Kennzeichnung bekannt ist,[120] ist nicht damit zu rechnen. Der Schwabenspiegel[121] wurde eklektisch rezipiert, bezüglich der Juden öfter offen abgeschwächt, und die dort vermerkten Kleidervorschriften wurden nicht zitiert. Kulturwissenschaftliche Arbeiten, die diese Befunde außer Acht lassen, bleiben daher auf dem veralteten Stand der Diskussion und verschenken so ihr methodisches Potential.[122]

In der zweiten Hälfte des 14. Jahrhunderts änderte sich am Bodensee indessen die Bewertung des Judenhutes; er wurde nun zu einem Schandmal, das von den Stadträten auch zur Beschämung und Bestrafung eingesetzt wurde. Juden stellten sich selbst entsprechend nicht mehr damit dar; aber auch jetzt ist nicht zu sagen, ob die Männer den Hut unter Zwang trugen.[123] Dagegen spricht eine späte Anordnung von 1435 aus Schaffhausen, die von Juden verlangte, in der Stadt ein rotes Abzeichen in Form eines Hutes auf ihre Kleidung zu nähen, doch nicht, den Judenhut aufzusetzen. Wenige Jahrzehnte vor der endgültigen Vertreibung lebten kaum noch Juden in Schaffhausen; die Abgaben waren hoch, und viele blieben nur kurze Zeit. Aber offenbar wollte der Rat seine Reform- und Handlungsfähigkeit unter Beweis stellen,

---

„Zürcher" jenseits der Alpen. Der Zürcher SeMaK als Zeugnis jüdischer Mobilität im Mittelalter, in: *Weltecke* (Hrsg.), Zu Gast bei Juden (wie Anm. 30), 116–119; Abb. von Ms. Oxford, Bodleian, Opp. Add. fol. 40, fol. 42r in ebd., 194, sowie 193–194 Objektbeschreibung von *Ingrid Kaufmann*.

120 Z.B. *Susanna Burghartz*, Juden. Eine Minderheit vor Gericht (Zürich 1378–1436), in: *Dies.* et al. (Hrsg.), Spannungen und Widersprüche (wie Anm. 11), 229–244.
121 *Karl August Eckhardt* (Hrsg.), Der Schwabenspiegel. Aalen 1972.
122 *Naomi Lubrich*, The wandering hat. Iterations of the medieval Jewish pointed cap, in: Jewish History 29 (2015), 203–244.
123 *Burghartz*, Juden (wie Anm. 120), 234; die Beiträge in: *Weltecke* (Hrsg.), Zu Gast bei Juden (wie Anm. 30), hier Anm. 121, außerdem *Meyrav Levy*, Enigmatic illustrations in the Darmstadt Haggada. A chivalric version of Olam ha-Ba, in: ebd., 132–139.

indem er dem entsprechenden Dekret des Reformkonzils von Basel von 1434 Folge zu leisten sich anschickte.[124]

Juden und Christen lebten nicht nur nebeneinander, sie begegneten einander auch sozial bei gemeinsamen Festen, zum Spielen und zum Zeitvertreib. Das wurde auf Seiten der kirchlichen oder weltlichen Autoritäten nur dann aktenkundig, wenn dabei etwa christliche Fastenzeiten verletzt oder aus Freundschaften Liebesbeziehungen insbesondere zwischen jüdischen Männern und christlichen Frauen wurden.[125] Damit ist der Bodenseeraum kein Paradies harmonischen Zusammenlebens, im Gegenteil. An dieser Stelle ist nur festzuhalten, dass die soziale Segregation der jüdischen Gemeinden allem Anschein nach weder vestimentär noch sozialtopographisch vollzogen wurde. Es gab ein gemeinsames Leben und eine gemeinsame Kultur.

Damit konnten wir in einer regionalen Studie bestätigen, was sich auch für viele andere Städte in den deutschen Landen und darüber hinaus abzeichnet. Bekanntlich ist in Frankfurt am Main erst 1460 die zugleich älteste nordalpine Segregation der Juden in einer Judengasse durchgesetzt worden. Diese Judengasse hatte durch Wohnzwang und Ausgangssperre einen fundamental anderen Charakter als die freiwilligen jüdischen Nachbarschaften der älteren Jahrhunderte.[126] Wegen der zuvor üblichen Siedlungsstruktur und wegen der alltäglichen Begegnungen waren beide Seiten mit den Gewohnheiten der anderen erstaunlich gut vertraut. Sie sahen die religiösen Praktiken und Feiern der jeweils anderen Seite in der Gasse an den Kleidern und hörten sie durch die Fenster der Synagogen und Kirchen. Juden und Christen fanden deshalb im Alltag Wege, für sie hinderliche Regelungen zu umgehen und auf religiöse Gewohnheiten Rücksicht zu nehmen. Dem wirtschaftlichen und sozialen Nutzen entsprach dabei respektvolles Verhalten und sogar riskantes Vertrauen. Eindrucksvolle Beispiele aus dem Alltagsleben selbst des Spätmittelalters hat im deutschsprachigen Raum Martha Keil

---

124 Schaffhausen, Staatsarchiv, 1/1918, dazu *Anna Schneiderheinze*, Kleidervorschrift Schaffhausen 1435, in: *Weltecke* (Hrsg.), Zu Gast bei Juden (wie Anm. 30), 167.
125 *Miriam Bastian/Mareike Hartmann*, Feste und Spiel. Geselliges Beisammensein zwischen Juden und Christen, in: *Weltecke* (Hrsg.), Zu Gast bei Juden (wie Anm. 30), 159–164.
126 *Alfred Haverkamp*, The Jewish quarters in German towns during the late Middle Ages, in: *Ronnie Po-Chia Hsia/Hartmut Lehmann* (Hrsg.), In and out of the ghetto. Jewish-Gentile relations in Late Medieval and Early Modern Germany. (Publications of the German Historical Institute.) Cambridge/New York 1995, 13–28; *Markus J. Wenninger*, Von der Integration zur Segregation. Die Entwicklung deutscher Judenviertel im Mittelalter, in: *Brugger/Wiedl* (Hrsg.), Ein Thema – zwei Perspektiven (wie Anm. 100), 195–217; *Schnur*, Juden in Frankfurt am Main (wie Anm. 37), 176–221 und passim, auf 182 sein Plan der mittelalterlichen Topographie; *Fritz Backhaus* et al. (Hrsg.), Die Frankfurter Judengasse. Geschichte, Politik, Kultur. München 2016; hier die ältere Literatur und die Quellen.

unter anderem aus Responsen zusammengetragen: So wird berichtet, wie ein Ordensritter das Kreuz seines Mantels bedeckt habe, um Juden zu ermöglichen, ihn zu grüßen, ohne ungewollt das Kreuz zu ehren. Ein Jude habe dem christlichen Weinlieferanten kurzerhand den Schlüssel zu seinem Keller überlassen, um seinen koscheren (!) Wein zu entladen, damit er selbst die Feiertagsruhe nicht übertreten musste.[127] Wie und warum sozial separiert werden sollte und welche Folgen dies für den Umgang miteinander hatte, muss daher je regional untersucht werden. Einfache Ableitung des sozialen Verhaltens aus den Normen ist nicht möglich.[128]

Auch in den Städten unter islamischer Herrschaft gab es Regelungen von Wohnort und Kleidung.[129] Wie genau sie umgesetzt wurden, ist vielfach offen und muss ebenso regional und diachron im Detail untersucht werden. Auf dem Gebiet der religiösen Topographie in Stadt und Land ist für islamische Herrschaftsgebiete noch viel zu tun. Bärbel Beinhauer-Köhler konnte viele Kirchen und Synagogen auf der Grundlage schriftlicher Zeugnisse und aktueller archäologischer Erkenntnisse im Kairo des 12. Jahrhunderts lokalisieren.[130] Aber darüber hinaus fragt sie nach der kulturellen Konstruktion städtischer Räume, ob sie religiös konnotiert oder religiös neutral waren und welche Gruppen sich dort aufhalten und miteinander interagieren konnten. Wie schon in früheren Arbeiten[131] erforscht Beinhauer-Köhler Formen und Funktionen erfolgreicher oder verhinderter

---

127 *Martha Keil*, Nähe und Abgrenzung. Die mittelalterliche Stadt als Raum der Begegnung, in: *Sabine Hödl* (Hrsg.), Nicht in einem Bett. Juden und Christen in Mittelalter und Frühneuzeit. St. Pölten 2005, 2–8; auch *Markus J. Wenninger*, Nicht in einem Bett – aber doch auf einer Hochzeit. Zur Teilnahme von Christen auf jüdischen Festen im Mittelalter, in: ebd., 10–17; *Berend* et al. (Hrsg.), Religious minorities (wie Anm. 51); *Martha Keil, Kulicht schmalz* und *eisen gaffel* – Alltag und Repräsentation bei Juden und Christen im Spätmittelalter, in: Aschkenas 14/1 (2014), 51–81 und passim.
128 *Keil*, Nähe und Abgrenzung (wie Anm. 127), und oben, Anm. 121. Vgl. dagegen *Nora Berend*, Medieval patterns of social exclusion and integration. The regulation of non-Christian clothing in thirteenth-century Hungary, in: Revue Mabillon N. S. 8, 69 (1997), 155–176.
129 *Ilse Lichtenstadter*, The distinctive dress of non-Muslims in Islamic countries, in: Historica Judaica 5 (1943), 35–52; *Yedida Kalfon Stillman*, Costume as cultural statement. The esthetics, economics, and politics of Islamic dress, in: *Daniel Frank* (Hrsg.), The Jews of medieval Islam. Community, society, and identity. Proceedings of an international conference held by the institute of Jewish studies, University college of London 1992. Leiden u. a. 1995, 127–144; *Elisheva Baumgarten*, Minority dress codes and the law. A Jewish-Christian comparison, in: *Berend* et al. (Hrsg.), Religious minorities (wie Anm. 51), 289–300.
130 *Bärbel Beinhauer-Köhler*, Spielräume religiöser Pluralität. Kairo im 12. Jahrhundert. (Religionswissenschaft heute, 13.) Stuttgart 2018.
131 *Bärbel Beinhauer-Köhler*, Gelenkte Blicke. Visuelle Kulturen im Islam. Zürich 2011.

visueller Repräsentation im Stadtraum sowie deren Interpretation aus der jeweiligen Perspektive der Akteure.

Am Beispiel der feierlichen Prozession des neugewählten koptischen Patriarchen zeichnet sie die Multivalenz performativer Akte auf: Der Patriarch schritt im Kairo der Fatimidenzeit hinter Klerikern und in Begleitung berittener Milizen des Wesirs zu dessen Palast, in dem er anschließend empfangen wurde. Der Weg war umsäumt von vielen Zuschauern. Das, was sie an liturgischen Gewändern und Gerät sahen, was sie an Gesang, Rascheln von Textilien, Hufgeklapper und Befehlen hörten und an feierlich verströmtem Weihrauch riechen mochten, ermöglichte beiden Seiten vorteilhafte Interpretationen. Sie empfanden das Agieren der jeweils Anderen als respektvoll und als Ausdruck von Loyalität. Das Ritual konnte so den liminalen Zustand erfolgreich in die Ordnung überführen und beide Seiten dafür gewinnen. Beinhauer-Köhler benennt überdies die Grenzen der mittelalterlichen Relevanz der oft diskutierten Dhimmi-Bestimmungen. Sie betont dagegen, dass im gegenseitigen Umgang jenseits der Konfliktregulierung eher Rituale und Aushandlungsprozesse als diese religiösen Gesetze von strukturbildender Bedeutung gewesen seien.[132] Diese Forschungsergebnisse passen gut zu Ansätzen der Mediävistik über symbolische Kommunikation und Rituale. Deren Ergebnisse haben ebenfalls gelehrt, über die schriftlich fixierten Gesetze hinaus zu blicken, um soziale Ordnungen zu beschreiben.[133]

Dieses Beispiel zeigt zugleich, wie wichtig die religiöse Topographie für das Verständnis gesellschaftlicher Ordnung ist. Es zeigt auch, wie wenig die geographische Lage allein aussagt, wenn sie nicht auf den Gebrauch des Raumes und seine kulturelle Konstruktion befragt wird. Allerdings fehlen dafür noch vielfach die Grundlagen. Ich betreibe derzeit ein Forschungsprojekt, das sich mit Nichtmuslimen in Städten der islamischen Welt beschäftigt. Gemeinsam mit Kollegen vom Institut für Visualisierung in Stuttgart erarbeiten wir eine Sammlung von Daten und deren Visualisierung in einer geotemporalen Multi-Coordinated-View-Oberfläche. Sie soll anzeigen, welche unterschiedlichen jüdischen, christlichen

---

[132] *Bärbel Beinhauer-Köhler*, Ritual performances to install a new Coptic patriarch in twelfth-century Fatimid Cairo, in: *Ana Echevarría Arsuaga/Dorothea Weltecke* (Hrsg.), Religious plurality and interreligious contacts in the Middle Ages. Spanisch-Deutsche Arbeitsgespräche an der Herzog-August-Bibliothek Wolfenbüttel 30. 11. – 2.12.2015. Im Druck.
[133] Genannt seien hier nur *Gerd Althoff/Ludwig Siep*, Symbolische Kommunikation und gesellschaftliche Wertesysteme vom Mittelalter bis zur Französischen Revolution. Der neue Münsterer Sonderforschungsbereich 496, in: Frühmittelalterliche Studien 34 (2000), 393 – 412; *Edgar Bierende/Sven Bretfeld/Klaus Oschema* (Hrsg.), Riten, Gesten, Zeremonien. Gesellschaftliche Symbolik in Mittelalter und Früher Neuzeit. (Trends in medieval philology, 14.) Berlin 2008; *Gerd Althoff*, Die Macht der Rituale. Symbolik und Herrschaft im Mittelalter. Darmstadt 2013.

und islamischen Gruppen in einer Stadt zusammenlebten. Rund 450 Städte haben wir erfasst, die dort ansässigen Gruppen allerdings erst zum Teil. Aber wir wissen bereits, dass es in vielen Städten mehr als neun verschiedene institutionalisierte christliche und jüdische Gruppen gab.[134] Wir möchten mit dieser Datenbank ein Analyseinstrument für die Erforschung religiöser Konstellationen im Vorderen Orient schaffen: Die Visualisierung wird es möglich machen, einzelne Gruppen im diachronen Verlauf ihrer Anwesenheit im Zusammenleben mit anderen Gemeinschaften zu untersuchen. So kann man etwa danach fragen, wo überall wichtige jüdische Gemeinden nachgewiesen sind und ob es dort jeweils auch Bischöfe christlicher Kirchen gab oder nicht. Damit möchten wir nicht zuletzt sichtbar machen, was erneut Janet Abu-Lughod schon lange angemahnt hat: Städte unter islamischer Herrschaft waren nicht einfach „islamische Städte". Vielmehr bezeichnete sie die sogenannte „islamische Stadt" sogar als wissenschaftlichen Mythos, der deren Komplexität nicht gerecht werde.[135] In welcher Form die dominierenden Muslime und die Geduldeten in den Städten zusammenlebten, ob sie in gemischten Nachbarschaften oder getrennt wohnten, muss ebenfalls erst noch untersucht werden. Religiöse Segregation in Vierteln darf nicht a priori vorausgesetzt werden. Kleinteiligere gemischte Nachbarschaften um religiöse Gebäude konnten Städte ebenso prägen wie zugewiesene Quartiere für geduldete Gruppen.[136] Die Kriterien, die für islamische Geographen eine bedeutende Stadt ausmachten, wie zum Beispiel eine große Freitagsmoschee, mochten Städte mit einer lebendigen jüdischen oder christlichen Kultur ausblenden, wenn etwa die alten Kathedralen noch die Mitte hielten.[137] Manche mittlere und auch größere Städte behielten noch Jahrhunderte ihre vorislamische Prägung; es waren nur Muslime in die Zitadelle eingezogen. Über die diachronen Veränderungen ist bisher kein Überblick gegeben.

Angesichts der wirtschaftlichen Symbiose und unter islamischer Herrschaft lange auch des wissenschaftlichen Austausches war enger sozialer Umgang unumgänglich. Außerdem schloss rechtliche Ungleichheit Freundschaft und Kooperation nicht aus, im Gegenteil. In einer Zeit, in der vieles auf personale Be-

---

134 Volkswagenprojekt: Dhimmis and Muslims. Analysing multi-religious spaces in the medieval Muslim world, in: http://www.geschichte.uni-frankfurt.de/66612038/Volkswagenprojekt (18.9.2019).
135 *Janet L. Abu-Lughod*, The Islamic city. Historic myth, Islamic essence, and contemporary relevance, in: International Journal of Middle East Studies 19/2 (1987), 155–176.
136 Vgl. *Abu-Lughod*, Islamic city (wie Anm. 135), hier: 169–172. Als Beispiel für eine um Nachbarschaften gemischte Stadt *Judah B. Segal*, Edessa. The blessed city. Oxford 1970.
137 *Paul Wheatley*, The places where men pray together. Cities in Islamic lands, seventh through the tenth centuries. Chicago 2001.

ziehungen ankam, brauchte man gute Kenntnis des Anderen und möglichst gegenseitige soziale Verbindlichkeit. Verbindlichkeit ergab sich durch Gabentausch, durch gemeinsame soziale Rituale, durch das Überschreiten von Schwellen.[138] Auch deshalb lud man einander gegenseitig ein, erschien man höflich zu den Festen, nicht nur zu Hochzeiten, sondern auch zu den religiösen Festen. Aus unterschiedlichen Orten in der Levante wird berichtet, dass Muslime Ostern und Weihnachten mit den Christen mitfeierten.[139] Gemeinsame Feiern von Juden und Christen werden auch für die europäische Welt immer wieder mahnend kritisiert. Im Rahmen dieser Vortragsreihe, die am Fastnachtsdienstag stattfindet, mag daran erinnert werden, dass Christen in Nürnberg bei der „Vastnacht der Juden", wie es in den Quellen hieß, also beim Purimfest, mittanzten.[140] Dass sich Juden an Purim in Aschkenas zu verkleiden begannen, hat, wie seit dem 19. Jahrhundert vermutet, viel mit der christlichen Kostüm- und Festkultur des späten Mittelalters zu tun. Die ersten Belege für Masken finden sich im frühen 16. Jahrhundert und stammen aus Italien.[141] Sicherlich, Purim konnte zum Anlass für antijüdische Gewalt werden, ähnlich wie die Passionszeit.[142] Das jüdische Fest besaß, ebenso wie die Fastnacht die ihre, seine eigene religiöse Bedeutung und seine eigene Dynamik der Suspension der Ordnung, verbunden mit viel Alkohol und losen Reden. Es bezog die christliche Umwelt in seine parodistischen Inversionen mit

---

138 Vgl. *Simon Teuscher*, Bekannte, Klienten, Verwandte. Soziabilität und Politik in der Stadt Bern um 1500. Köln 1998; *Ernst Schubert*, Alltag im Mittelalter. Natürliches Lebensumfeld und menschliches Miteinander. Darmstadt 2002.
139 So schon *Marius Canard*, La destruction de l'église de la Résurrection par le Calife Hakim et l'histoire de la descente du feu sacré. in: Byzantion 25 (1965), 16–43, hier: 35–38; *Benjamin Z. Kedar*, Convergence of Oriental Christian, Muslim, and Frankish worshippers. The case of Saydnaya, in: *Yitzhak Hen* (Hrsg.), De Sion exibit lex et verbum domini de Hierusalem. Essays on medieval law, liturgy, and literature in honour of Amnon Linder. (Cultural encounters in Late Antiquity and the Middle Ages, 1.) Turnhout 2001, 59–69; *Alexandra Cuffel*, From practice to polemic. Shared saints and festivals as „women's religion" in the medieval Mediterranean, in: Bulletin of the School of Oriental and African Studies 68/3 (2005), 401–419.
140 Vgl. *Alfred Haverkamp*, „Concivilitas" von Christen und Juden in Aschkenas im Mittelalter, in: *Friedhelm Burgard/Lukas Clemens/Michael Matheus* (Hrsg.), Gemeinden, Gemeinschaften und Kommunikationsformen im hohen und späten Mittelalter. Festgabe zur Vollendung des 65. Lebensjahres. Trier 2002, 315–344; *Alfred Haverkamp*, Juden im Mittelalter. Neue Fragen und Einsichten, in: *Christoph Cluse/Jörg R. Müller* (Hrsg.), Neue Forschungen zur mittelalterlichen Geschichte (2000–2011). Festgabe zum 75. Geburtstag des Verfassers. Hannover 2012, 1–20, hier: 10.
141 *Israel Abrahams*, Jewish life in the Middle Ages. The Jewish library. London 1896; *Jean Baumgarten*, Prières, rituels et pratiques dans la société juive ashkénaze. La tradition des livres de coutumes en langue yiddish (XVIe siècle), in: Revue de l'histoire des religions 218/3 (2001), 369–403.
142 *Nirenberg*, Communities of violence (wie Anm. 51).

ein und schloss sie deshalb auch aus der Festfreude aus. Trotzdem behinderte dies in Nürnberg die vereinte Ausgelassenheit nicht, wenn die christliche Jugend nochmals feiern wollte, auch oder gerade wenn sie die Inhalte nicht verstand. Zudem kann man sich vorstellen, dass die karnevalesken Inversionen dieser Feste auch eigensinnige gemeinsame Interpretationen ermöglichten.[143]

Ein anderes interessantes Feld mit vielen Überraschungen ist die Frage des Waffentragens. Das Recht und die Pflicht Waffen zu tragen betreffen nicht nur die konkrete Wehrhaftigkeit, sondern auch Status und Geschlecht als Kategorien der sozialen Ungleichheit.[144] Doch die Kategorie Religion kam hinzu, denn eine Entscheidung darüber, ob ein Mann ein Schwert tragen durfte, war auch von seiner religiösen Zugehörigkeit abhängig. Männlichkeit und Rechtgläubigkeit waren in den religiösen Ideologien eng verbunden. Frauen wurde eher ein Hang zur Häresie unterstellt, und sie wurden bekanntlich in den religiösen Verhältnissen anders beurteilt als Männer.[145] Entsprechend wurde die Männlichkeit der Geduldeten angefochten. Wie Alexandra Cuffel gezeigt hat, konnte man daher in christlichen Polemiken jüdischen Männern Menstruation unterstellen.[146] Die Normen, die den Geduldeten in der islamischen und in der christlichen Welt das Waffentragen verboten oder sie zwangen, sich vom Dienst freizukaufen, betrafen sie also auf unterschiedlichen Ebenen.

Allerdings zeigt sich auch hier, dass die Praxis komplizierter war als früher angenommen wurde. Zwar sollten die Dhimmis in der islamischen Welt die Kopfsteuer auch zahlen, damit die Muslime sie verteidigten. Aber abgesehen von Aufständen in der frühislamischen Zeit, mit denen sich Juden und Christen gegen Steuern wehrten,[147] sind sie auch sonst in den Quellen als Bewaffnete nachweisbar. Christen beteiligten sich im 12. und 13. Jahrhundert sehr wohl aktiv an der Verteidigung von den Städten, in denen sie lebten. Mitunter führten sogar Bischöfe das Kommando. Christen waren in Truppen islamischer Heerführer ver-

---

143 Vgl. auch zur älteren Literatur den Sonderband von Poetics Today, so insbesondere *Daniel Boyarin*, Introduction. Purim and the cultural poetics of Judaism. Theorizing diaspora, in: Poetics Today 15/1 (1994), 1–8; *Elliot Horowitz*, The rite to be reckless. On the perpetration and interpretation of Purim violence, in: ebd., 9–54; *Harold Fisch*, Reading and carnival. On the semiotics of Purim, in: ebd., 55–74.
144 Vgl. *Franka Maubach/Silke Satjukow/Klaus Latzel* (Hrsg.), Soldatinnen. Gewalt und Geschlecht im Krieg vom Mittelalter bis heute. (Krieg in der Geschichte, 60.) Paderborn 2011.
145 *Cuffel*, From practice to polemic (wie Anm. 139).
146 *Alexandra Cuffel*, Gendering disgust in Medieval religious polemic. Notre Dame 2007.
147 *Moshe Gil*, A history of Palestine 634–1099. Cambridge 1997; *Martin Brett*, Population and conversion to Islam in Egypt in the medieval period, in: *Urbain Vermeulen/Jo van Steenbergen* (Hrsg.), Egypt and Syria in the Fatimid, Ayyubid and Mamluk Eras, IV. (Orientalia Lovaniensia Analecta, 140.) Leuven 2005, 1–32.

pflichtet, was nicht immer freiwillig geschehen sein mag. Ein syrisch-orthodoxer Chronist, Gregorius bar 'Ebrōyō (1226–1286), erwähnt, dass Männer aus den nordmesopotamischen Regionen als besonders wendige Bogenschützen bekannt gewesen seien.[148] Dafür war eine Ausbildung erforderlich, die diese Männer irgendwo erhalten haben müssen. Für das späte Mittelalter sind in den Quellen bewaffnete Gruppen von Christen in unzulänglichen Bergregionen nachweisbar. Über deren Identität ist wenig bekannt, da in dieser Zeit überhaupt sehr wenig über Christen überliefert ist.[149] Was jüdische Clans, Söldner und Offiziere unter islamischer wie unter christlicher Herrschaft betrifft, sind inzwischen selbst auf der Ebene der Lehrbuchsynthesen einige Details bekannt, die belegen, dass in den mittelalterlichen Welten mit ihnen gerechnet werden muss. Pelner Cosman und Jones, die auf die Tapferkeit dieser Männer und die Wertschätzung durch ihre Herren abheben, lassen erkennen, dass die Waffenfähigkeit immer noch mit Status verbunden ist, wie es übrigens auch aus ihren Ausführungen über kämpfende Frauen hervorgeht.[150]

Für die deutschen Lande haben Forscher ebenfalls die Annahme widerlegt, dass die Juden waffenlos gewesen seien. Nicht nur verteidigten sie zusammen mit den anderen Einwohnern die Städte oder wussten sich auf Reisen mit der Waffe gegen Überfälle zu wehren. Es gab, wie Markus Wenninger in einer detailreichen Studie zeigte, jüdische Kämpfer und darunter Männer, die im Schwertkampf derart geübt waren, dass sie sogar als Fechtmeister tätig wurden.[151] Kriegsknechte anderer Religionszugehörigkeit haben in den letzten Jahren vermehrte Aufmerk-

---

[148] Zu den Quellen und den hier erwähnten Details *Dorothea Weltecke*, Contacts between Syriac Orthodox and Latin military orders, in: *Krijnie Ciggarr/Herman Teule* (Hrsg.), East and West in the Crusader states. Context – Contacts – Confrontations, III. Acta of the congress held at Hernen in September 2000. (Orientalia Lovaniensia Analecta, 125.) Leuven 2003, 53–77.

[149] Der Bericht über das Massaker von Erbil im Jahr 1310 erwähnt bewaffnete Christen aus den Bergen, die sich zusammen mit den Stadtbewohnern in der Zitadelle verschanzt hatten. Ihre Anwesenheit verursacht interne Konflikte: *Heleen Murre-van den Berg*, The Church of the East in Mesopotamia in the Mongol period, in: *Roman Malek/Peter Hofrichter* (Hrsg.), Jingjiao. The Church of the East in China and Central Asia. (Collectanea Serica.) Sankt Augustin 2006, 377–394; *Pier G. Borbone*, L'autore della „Storia di Mar Yahballaha e di Rabban Sauma", in: *Ders./Alessandro Mengozzi/Mauro Tosco* (Hrsg.), Loquentes linguis. Studi linguistici e orientali in onore di Fabrizio A. Pennacchietti/Linguistic and Oriental studies in honour of Fabrizio A. Pennacchietti/ Lingvistikaj kaj orientaj studoj honore al Fabrizio A. Pennacchietti. Wiesbaden 2006, 103–108.

[150] *Madeleine P. Cosman/Linda G. Jones*, Handbook to life in the medieval world, I–III. (Facts on file library of world history.) New York 2008, hier I, 315–320, Literatur 323.

[151] *Christine Magin*, Waffenrecht und Waffenverbot für Juden im Mittelalter. Zu einem Mythos der Forschungsgeschichte, in: Aschkenas 13/1 (2003), 17–33; *Markus J. Wenninger*, Von jüdischen Rittern und anderen waffentragenden Juden im mittelalterlichen Deutschland, in: Aschkenas 13/1 (2003), 35–82.

samkeit gefunden. Christliche Söldner wurden bewusst von islamischen Herren in Nordafrika eingesetzt. Sie erhielten vertragliche Zusagen über ihre Versorgung; ihre religiöse Zugehörigkeit wurde geschützt. Im 13. Jahrhundert befasste sich auch die römische Kurie damit. Kirchenrechtliche Bestimmungen reagierten auf die Praxis und waren dabei, trotz der bekannten kirchlichen Waffenembargos, erstaunlich flexibel. Michael Lower betont, dass deshalb auch die Vorstellung korrigiert werden muss, die Grenzen zwischen den religiösen Gruppen in der Mittelmeerregion seien nur durch die einfache Bevölkerung überschritten worden.[152] Für die islamischen Herren, die die Söldner anwarben, waren deren besondere Kampftechniken, ihre Herkunftskultur und ihre besondere Glaubenspraxis kein Hindernis, sondern geradezu ein Ass im Ärmel, gerade auch in internen Kämpfen. Entsprechend wurde dieser Vorteil auch erhalten, und man kam ihnen großzügig mit Angeboten entgegen. Es entstanden besondere Diasporen, die heute im Rahmen der Mittelmeerstudien erforscht werden und die die besondere Verflochtenheit der Mittelmeeranrainer auf einer weiteren Ebene erkennbar werden lassen.[153] Umgekehrt ließen auch christliche Herrscher, wie Geza II. von Ungarn, Kaiser Friedrich II. oder wiederum die iberischen Könige, islamische Söldner kämpfen.[154] Auch sie bedienten sich der religiösen Zugehörigkeit und der kulturellen Exotik dieser Milizen, nicht zuletzt bei ihrer eigenen Selbstdarstellung.[155] Ähnlich wie bei Sklaven bzw. unfreien Kriegsknechten in christlichen und islamischen Heeren des Mittelalters muss man auch bei diesen Söldnern annehmen, dass sie dem Kommandeur gegenüber besonders loyal waren. Auch deshalb waren sie für ihn von großem Wert. In der Konkurrenz um Macht und Anerkennung konnte es für ihn ratsam sein, sich auf unabhängige

---

[152] *Michael Lower*, The papacy and Christian mercenaries of thirteenth-century North Africa, in: Speculum 89/3 (2014), 601–631; *Michael Lower*, Medieval European mercenaries in North Africa. The value of difference, in: The Journal of Medieval Military History 12 (2014), 105–122.

[153] *Lower*, Papacy and Christian mercenaries (wie Anm. 152); außerdem mehrere Arbeiten von *Nikolas Jaspert*, z. B.: Zur Loyalität interkultureller Makler im Mittelmeerraum. Christliche Söldnerführer (Alcayts) im Dienste muslimischer Sultane, in: *Jörg Sonntag/Coralie Zermatten* (Hrsg.), Loyalty in the Middle Ages. Ideal and practice of a cross-social value. (Brepols collected essays in European culture, 5.) Turnhout 2016, 235–274; im Druck: *Nikolas Jaspert*, Military expatriation to Muslim lands. Aragonese Christian mercenaries as trans-imperial subjects in the late Middle Ages, in: *Georg Christ* (Hrsg.), Military diasporas. Diese Arbeit wurde in Teilen in Frankfurt am Main vorgestellt.

[154] *Berend*, At the gate of Christendom (wie Anm. 66), 140–142, und passim; *Brian A. Catlos*, Muslims of medieval Latin Christendom. C. 1050–1614. Cambridge 2014, 123, und passim.

[155] Z. B. *Hussein Fancy*, Theologies of violence. The recruitment of Muslim soldiers by the crown of Aragon, in: Past and Present 221 (2013), 39–73.

Kräfte zu verlassen. In dieser Funktion konnten Angehörige der geduldeten religiösen Gruppen wiederum zu Macht, Einfluss und Vermögen gelangen.

So waren die Welten von dominierenden religiösen Gruppen und den Geduldeten in ihrem Herrschaftsbereich auf vielen Ebenen verwoben – was hier nur mit wenigen Beispielen angedeutet werden konnte – nicht zuletzt über die militärischen und religiösen Grenzen hinweg. Christliche und islamische Herrscher waren sich dieser Tatsache bewusst und versuchten, sie als politisches Kapital einzusetzen. Sie erhoben den Anspruch, die Angehörigen ihrer eigenen religiösen Strömung auch auf dem Herrschaftsgebiet der Anderen zu schützen. Umgekehrt drohten sie, die geduldeten Gruppen in ihrem Machtbereich zu schädigen. Diese Ansprüche durchzusetzen erhöhte ihre Macht ebenso wie die Darstellung ihrer Gnade gegenüber den Geduldeten.[156]

Bevor jedoch die Tatsache, dass die Normen oft nicht eingehalten wurden, zu nostalgischem Schwärmen Anlass gibt, sei daran erinnert, dass auch Gewaltakte gegen die Geduldeten einen Bruch der Normen darstellt. Während ihre strukturelle Diskriminierung als geltendes Gesetz zu betrachten ist, galt dies nicht für Übergriffe, Plünderungen und Mord. Sie waren verboten. Dazu gehörte auch der erzwungene Wechsel der Religionszugehörigkeit. Der Religionsphilosoph Markus Enders betonte, dass die Offenbarungsschriften keine Zwangskonversionen forderten.[157] Das gilt auch für die in den mittelalterlichen Jahrhunderten wachsende Schicht von theologischen Lehren, Kommentaren und Rechtskulturen. Auch hier wurde das Verbot des Zwanges wiederholt und konnte grundsätzlich als weiterhin gültige Norm gelten, auch wenn es kontrovers diskutiert wurde und sich immer wieder Befürworter von Zwangskonversionen zu Wort meldeten.[158] Dennoch kamen Zwangstaufen und Zwangsislamisierungen vor. In der christlichen Welt blieb es in Byzanz bei einzelnen Wellen von erzwungener Konversion.[159] In der latei-

---

156 *Nikolas Jaspert*, The crown of Aragon and the Mamluk sultanate. Entanglements of Mediterranean politics and piety, in: *Reuven Amitai/Stephan Conermann* (Hrsg.), The Mamluk sultanate from the perspective of regional and world history. Economic, social and cultural development in an era of increasing international interaction and competition. (Mamluk Studies, 17.) Göttingen 2019, 309–34.
157 *Markus Enders*, Zum Verhältnis von Religion und Gewalt nach den heiligen Schriften des Judentums (Thora), des Islams (Koran) und des Christentums (Neues Testament), in: Jahrbuch für Religionsphilosophie 2 (2003), 91–129.
158 *Brand-Pierach*, Ungläubige im Kirchenrecht (wie Anm. 85); *Friedmann*, Classification of unbelievers (wie Anm. 85); *Friedmann*, Tolerance and coercion (wie Anm. 90); *Mairaj U. Syed*, Coercion and responsibility in Islam. A study in ethics and law. (Oxford Islamic legal studies.) Oxford 2017.
159 *Oscar Prieto Domínguez*, The mass conversion of Jews decreed by emperor Basil I. in 873–874. Its reflection in contemporary legal codes and its underlying reasons, in: *John V. Tolan* (Hrsg.),

nischen Welt wurden sie von religiösen Eliten geduldet oder gefordert, manchmal protestierten diese. Ähnliches gilt für die weltlichen Eliten. Auch die Universitäten bzw. die Gelehrten konnten sich die Forderung zu eigen machen.[160] Im späten Mittelalter setzten die Päpste das Verbot faktisch außer Kraft.[161] In der islamischen Welt kam es beispielsweise in den ersten Jahrhunderten in der Levante oder im mamlukischen Ägypten ebenfalls zu Zwangskonversionen, die von unterschiedlichen Akteuren – dem Herrscher, der religiösen Elite oder der Bevölkerung – gefordert worden sein mochten.[162] Hinzu kamen erzwungene Wechsel der Religion von Individuen, von denen in wenigen Fällen aus Selbstzeugnissen oder Gerichtsprotokollen auch die damit verbundene Not überliefert ist.[163] Auch Zwangskonversionen werden inzwischen vergleichend untersucht.[164] Das gilt auch für den umgekehrten Fall, der Bestrafung von Apostasie. Hier ist der Forschungsstand in den unterschiedlichen Gebieten christlicher und islamischer Herrschaft noch sehr unterschiedlich. Am Besten bekannt ist die Verfolgung von Apostasie von zwangsgetauften Juden mit der päpstlichen Inquisition, nur wenig weiß man über Apostasie im Islam.[165]

Jews in early Christian law. Byzantium and the Latin West, 6th – 11th centuries. (Religion and law in Medieval Christian and Muslim societies.) Turnhout 2014, 283–310.

160 *Lukas Clemens/Christoph Cluse*, European Jewry around 1400. Disruption, crisis, and resilience – problems and research perspectives, in: *Dies.* (Hrsg), The Jews of Europe around 1400. Disruption, crisis, and resilience (Forschungen zur Geschichte der Juden. Abteilung A: Abhandlungen, 27.) Wiesbaden 2018, 1–30, hier: 14.

161 *Friedrich Lotter*, Tod oder Taufe. Das Problem der Zwangstaufen während des Ersten Kreuzzugs, in: *Alfred Haverkamp* (Hrsg.), Juden und Christen zur Zeit der Kreuzzüge. (Vorträge und Forschungen, 47.) Sigmaringen 1999, 107–152; *Christian Jörg*, Christen und Juden im Europa der ersten Hälfte des 15. Jahrhunderts. Zur Ausgrenzung von Juden im Umfeld der großen Reformkonzilien, in: *Weltecke* (Hrsg.), Zu Gast bei Juden (wie Anm. 30), 87–96.

162 *Tamer El-Leithy*, Sufis, Copts and the politics of piety: Moral regulation in fourteenth-century Upper Egypt, in: *Richard McGregor/Adam Sabra* (Hrsg.), Le développement du Soufisme en Égypte à l'époque Mamelouke. The developement of Sufism in Mamluk Egypt. Le Caire 2006, 75–119; *Christian Sahner*, Christian martyrs under Islam. Religious violence and the making of the Muslim world. Princeton 2018.

163 *Jakob Mann*, Moses B. Samuel. A Jewish katib in Damascus and his pilgrimage to Medinah and Mekkah, in: The Journal of the Royal Asiatic Society of Great Britain and Ireland (1919), 155–184; *Solomon Grayzel*, The confession of a Medieval Jewish convert, in: Historia Judaica 17 (1955), 89–120.

164 *Lewis Rambo* et al. (Hrsg.), The Oxford handbook of religious conversions. Oxford 2014; *Mercedes García-Arenal/Yonatan Glazer-Eytan* (Hrsg.), Forced conversion in Christianity, Judaism and Islam. Coercion and faith in premodern Iberia and beyond. Leiden 2020, bzw. als online-Ausgabe 2019.

165 Z.B. *Christian C. Sahner*, Swimming against the current. Muslim conversion to Christianity in the early Islamic period, in: Journal of the American Oriental Society 136/2 (2016), 265–284; *David*

Die Geduldeten wurden geplündert, entführt, vertrieben oder ermordet. Diese Gewalt ereignete sich nicht kontinuierlich in immer derselben Dichte. Vielmehr lassen sich zu Zeiten besondere Häufungen feststellen, Wellen geradezu, die ganze Landschaften erfassen mochten. Dabei ragen die Herrschaftsgebiete unter lateinischer Herrschaft ganz besonders hervor und sind auch am besten erforscht. Hier wie auch unter islamischer Herrschaft gingen diese Gewaltereignisse mit Polemik gegen die Geduldeten einher. Mitunter wurden sie auch in gewissem Umfang von weltlichen Herrschern bestraft, manchmal aber auch im Nachhinein mit vermeintlichen Rechtsbrüchen der Geduldeten gerechtfertigt. Die Vermutung David Nirenbergs, dass auf der iberischen Halbinsel im späten Mittelalter nicht die Gewalt, sondern nur die Menge der Zeugnisse zugenommen habe, wurde kontrovers diskutiert.[166] Mit Blick auf die Ausweisung von Juden aus Frankreich und England und die massiven Wellen der tödlichen Gewalt gegen Juden im 14. und 15. Jahrhundert in den deutschen Landen erscheint diese These tatsächlich nicht überzeugend.[167] Weiterführend dagegen sind seine Überlegungen zur sozialen Funktion von Gewalt, die die gesellschaftliche Ordnung stabilisierte. Für Vergleiche mit der islamischen Welt anschlussfähig sind beispielsweise seine Beobachtungen zur ritualisierten Gewalt wie Tumulte und Übergriffe gegen Juden am Karfreitag. Wiederkehrende Krawalle in den Städten und Übergriffe auf Kirchen im Anschluss an Predigten von Sufis im Ägypten der Mamlukenzeit, die Tamer El-Leithy untersucht hat, können ähnlich interpretiert werden.[168] Hier ist noch viel

---

Cook, Apostasy from Islam. A historical perspective, in: Jerusalem Studies in Arabic and Islam 31 (2006), 248–288; *Jeremy Cohen*, Between martyrdom and apostasy. Doubt and self-definition in twelfth-century Ashkenaz, in: Journal of Medieval and Early Modern Studies 29 (1999), 431–471; *Benjamin Z. Kedar*, Multidirectional conversion in the Frankish Levant, in: *James Muldoon* (Hrsg.), Varieties of religious conversion in the Middle Ages. Gaineswille 1997, 190–200; *Arietta Papaconstantinou* (Hrsg.), Conversion in Late Antiquity. Christianity, Islam, and beyond. Papers from the Andrew W. Mellon foundation Sawyer seminar. Farnham 2015; *Omar*, Apostasy in the Mamluk period (wie Anm. 93); *Adang* et al. (Hrsg.), Accusations of unbelief in Islam (wie Anm. 93).
166 *Nirenberg*, Communities of violence (wie Anm. 51), dafür argumentiert *Constance Hoffmann Berman*, Increasing violence and exclusion. Introduction, in: *Dies.* (Hrsg.), Medieval religion. New approaches. Rewriting histories, New York etc. 2005, 317–324, passim; kritisch seinerzeit die Besprechung von *James Given*, Communities of violence: Persecution of minorities in the Middle Ages by David Nirenberg, in: Contemporary Sociology 26/3 (1997), 327–328: „And despite Nirenberg's efforts to argue otherwise, it seems difficult to deny that the thirteenth and fourteenth centuries, with their massacres, their largescale expulsions, and the spread of fantastic beliefs about Jewish involvement in ritual murder and host desecration, were a period when European majority culture took a new, and sinister, turn."
167 Vgl. *Haferkamp* (Hrsg.), Kommentiertes Kartenwerk (wie Anm. 19) zur kartographischen Darstellung der Vertreibungen und Verfolgungen in den deutschen Landen.
168 *El-Leithy*, Sufis (wie Anm. 162).

vergleichende Forschung zu leisten. Es fällt aber auf, dass unter Christen wie unter Muslimen die Gewalt an den Geduldeten in der Konkurrenz um Macht und Deutungshoheit in der *eigenen* religiösen Gruppe Vorteile bringen konnte. Damit konnte man sich zu Gehör bringen, seine Frömmigkeit unter Beweis stellen, politische Ansprüche untermauern. Die Gewalthandlungen gingen daher keineswegs immer von denselben sozialen Gruppen aus, also weder vom sprichwörtlichen Mob noch von den religiösen Eliten noch von den Herrschern. Mit dem Aufruf zu Gewalt an den Geduldeten konnte man etwa das Establishment, den Herrscher oder die religiösen Eliten mit dem Argument kritisieren, dass sie den Geduldeten gegenüber zu nachsichtig gewesen seien. So wurden Aufstände und Plünderungen legitimiert. Diese Argumente wurden von den Bettelorden und bei den Pogromen in deutschen Städten oder von Sufis und bei den Plünderungen in ägyptischen Städten im 14. Jahrhundert angeführt.[169] Mit Gewalt konnten aber auch die weltlichen Herrscher ihre Macht unter Beweis stellen wie etwa Herzog Albrecht von Österreich, als er 1420/21 den Juden die Privilegien entzog und sie wegen eines Hostienfrevels zum Tod verurteilte. Daneben mag der Herzog überdies, wie kürzlich überzeugend argumentiert, auch aus finanziellen Gründen die Juden geplündert haben.[170]

Was die Abtrünnigen aus den eigenen Reihen betraf, Häretiker und Apostaten, konnte es wie erwähnt keine positiven Regeln geben. Desinteresse und Pragmatik wurden zuweilen von aktiver Verfolgung abgelöst. Wiederum lohnt es, nach den Machtkonstellationen zu fragen, in denen Häretiker aktiv gejagt wurden. Die sogenannte *miḥna* der 30er und 40er Jahre des 9. Jahrhunderts nahm bestimmte religiöse Gruppen und vermeintliche Dissidenten ins Visier. Die Kalifen wollten aber zugleich ihre religiöse Autorität gegenüber den religiösen Eliten behaupten – ein Kampf, den sie langfristig verloren.[171] Der Prozess, den König Philipp der Schöne 1307 und 1308 gegen die Templer führte, zeigte eine neuartige, zentrale Macht des Königs gegenüber den Kardinälen und dem Papst und auch

---

[169] Literatur und Überlegungen dazu: *Dorothea Weltecke*, Bemerkungen zur Geschichte der religiösen Gewalt im Mittelalter, in: Historische Zeitschrift 305 (2017), 621–656.

[170] *Samuel Krauss*, Die Wiener Geserah vom Jahre 1421. Wien/Leipzig 1920; *Petr Elbel/Wolfram Ziegler*, „Am schwarczen Suntag mardert man dieselben Juden, all diezaigten Villguets an under der Erden…". Die Wiener Gesera. Eine Neubetrachtung, in: *Helmut Teufel/Pavel Kocman/Milan Repa* (Hrsg.), „Avigdor, Benesch, Gitl". Juden in Böhmen, Mähren und Schlesien im Mittelalter. Essen 2016, 201–268, dazu: *Klaus Lohrmann*, Im Vorfeld des Gedenkens an 1420/21, in: Wiener Geschichtsblätter 73/4 (2018), 377–379.

[171] Als neuerer Überblick: *John A. Nawas*, A reexamination of three current explanations for Al-Ma'mūn's introduction of the Miḥna, in: *Tamima Bayhom-Daouim/Teresa Bernheimer* (Hrsg.), Early Islamic history: Critical concepts in Islamic studies, III. Authority and sect formation. London/New York 2014, 43–59.

gegenüber seinen Untertanen. Bei dieser Gelegenheit konnten sich überdies – wie 100 Jahre später in Wien – Universitätsmagister Gehör und Autorität verschaffen.[172]

Es ist schwer, die Dialektik von Normen und Pragmatik zwischen gelingendem Miteinander, erduldetem Nebeneinander und offener Gewalt in der Darstellung von Forschungsergebnissen auszubalancieren. Deshalb werde ich regelmäßig ermahnt, das Zusammenleben im Mittelalter weniger positiv oder weniger negativ zu schildern, nicht selten beides nach demselben Vortrag. Die Gemengelage und die Widersprüchlichkeit machen es schwer, diese Verhältnisse adäquat zu beschreiben. Sowohl die Forschung als auch die öffentliche Diskussion wird außerdem von moralischen Urteilen beeinflusst. Je nach politischer Position der Diskutanten werden die Schuldigen bei den weltlichen oder religiösen Eliten oder in der Bevölkerung gesucht. Wie jedoch zu sehen war, entziehen sich die Phänomene einer solchen klaren Zuweisung.

Religiöse Zugehörigkeit

Die Gemengelage wird weiter dadurch verkompliziert, dass die religiöse Zugehörigkeit selbst weniger eindeutig und unveränderlich war als früher angenommen. So hatten hat in der Forschung besonders der Befund Aufmerksamkeit erregt, dass Angehörige der drei theologischen Traditionen nicht wenige Praktiken, wie das Pilgerwesen und die Verehrung von besonderen Männern und Frauen, bzw. von deren Gräbern gemeinsam haben. Deshalb konnte es vorkommen, dass sie nicht nur dasselbe taten, sondern dass sie sogar zu denselben Orten pilgerten. Nach über 20 Jahren intensivierter Erforschung dieses Phänomens sind unterschiedliche Typen der gemeinsamen Verehrung, ihre lange Geschichte und die Funktion dieser Orte sehr viel besser bekannt.[173] Manche gemeinsamen heiligen Orte wie das Patriarchengrab in Hebron waren zwischen den Gruppen umstritten

---

172 *Kaspar Elm*, Der Templerprozeß 1307–1311, in: *Alexander Demandt* (Hrsg.), Umbilicus Mundi. Beiträge zur Geschichte Jerusalems, der Kreuzzüge, des Kapitels vom Heiligen Grab in Jerusalem und der Ritterorden. (Instrumenta canonissarum regularium sancti sepulcri.) Sint-Kruis (Brugge) 1998, 507–534 (Nachdruck von 1990); *William J. Courtenay/Karl Ubl*, Gelehrte Gutachten und königliche Politik im Templerprozeß. (Monumenta Germaniae Historica. Studien und Texte, 51.) Hannover 2010.
173 Zum Forschungsstand *Manfred Sing*, Introduction (How) do we share the sacred?, in: Entangled Religions 9 (2019), 3–33; *Dorothea Weltecke*, Multireligiöse loca sancta und die mächtigen Heiligen der Christen, in: Der Islam. Zeitschrift für Geschichte und Kultur des islamischen Orients 88/1 (2012), 73–95; *Kedar*, Convergence (wie Anm. 139).

und sind es bis jetzt. Ob solche Orte entstehen konnten, war dabei nicht nur von der Haltung ihrer Hüter abhängig, sondern auch von den weltlichen Machthabern der Region. Diese konnten eine gemeinsame Verehrung ermöglichen, erzwingen oder auch beenden.[174] An manchen heiligen Plätzen schien für den Augenblick der Zusammenkunft Frieden zwischen den Religionen erfahrbar, so z. B. im Kloster Saydnaya in der Nähe von Damaskus in Syrien an den Marienfesten. Die Anwesenheit von Angehörigen anderer Kirchen und von Muslimen wurde als Zeichen des besonderen Segens des Ortes empfunden.[175] Der Besuch von Muslimen in Kirchen war im Mittelalter übrigens so verbreitet, dass es sogar Regeln für die beteiligten christlichen Kleriker gab.[176] Solche Orte gab es also vor allem in Regionen islamischer Herrschaft, aber Ephraim Shoham-Steiner hat auch erforscht, wie und warum Juden christliche Loca Sancta in Europa aufsuchten.[177]

Auch innerhalb einer Religion kam es an solchen Orten zu Begegnungen, die theologische Grenzen überschritten. So lassen sich mehrere lateinische Stifter des 13. Jahrhunderts für Kirchen in der Levante nachweisen.[178] Einer von ihnen ließ sich im zweifarbigen Gewand, dem *mi-parti*, in der Nähe des als Reiterheiligen dargestellten St. Georg malen. Er ist in Gebetshaltung für eine Ikone in einer sy-

---

174 *Josef Meri*, The cult of saints among Muslims and Jews in medieval Syria. (Oxford oriental monographs.) Oxford/New York 2002; *Daniella Talmon-Heller*, Islamic piety in medieval Syria. Mosques, cemeteries and sermons under the Zangids and Ayyūbids (1146–1260). (Jerusalem studies in religion and culture, 7.) Leiden 2007; generell zu Machtverhältnissen *Barkan Elazar/ Karen Barkey* (Hrsg.), Choreographies of shared sacred sites. Religion, politics, and conflict resolution. New York 2014; *Robert Hayden/Timothy Walker*, Intersecting religioscapes. A comparative approach to trajectories of change, scale, and competitive sharing of religious spaces, in: Journal of the American Academy of Religion 81/2 (2013), 399–426; *Weltecke*, Multireligiöse loca sancta (wie Anm. 173).

175 *Kedar*, Convergence (wie Anm. 139); *Mat Immerzeel*, The monastery of our lady of Saydnaya and its icon, in: Eastern Christian Art 4 (2007), 13–26; *Weltecke*, Multireligiöse loca sancta (wie Anm. 173).

176 Zu Muslimen in Kirchen *Suliman Bashear*, Qibla musharriqa and early Muslim prayer in churches, in: The Muslim World 81/3–4 (1991), 267–282; *Elizabeth Campbell*, A heaven of wine. Muslim-Christian encounters at monasteries in the early Islamic Middle East. Washington 2009. Zu Reaktionen im syrisch-orthodoxen Kirchenrecht vgl. *Weltecke*, Multireligiöse loca sancta (wie Anm. 173), 87–88.

177 *Ephraim Shoham-Steiner*, „For a prayer in that place would be most welcome": Jews, holy shrines, and miracles – a new approach, in: Viator 37 (2006), 369–395; *Ephraim Shoham-Steiner*, Jews and healing at medieval saints' shrines. Participation, polemics and shared cultures, in: Harvard Theological Review 103/1 (2010), 111–129.

178 Einen Überblick über die Literatur und die in Kooperation durchgeführten Untersuchungen im Libanon bietet *Mat Immerzeel*, Identity puzzles. Medieval Christian art in Syria and Lebanon. (Orientalia Lovaniensia Analecta, 184.) Leuven/Paris/Walpole 2009.

risch-orthodoxen Kirche eingefügt.[179] Ein normannisches Ehepaar bezahlte im 12. Jahrhundert in Antiochia sogar ein ganzes Gebäude für die syrisch-orthodoxe Kirche.[180] Zwischen der lateinischen und der syrisch-orthodoxen Kirche hatte es aber seit der Entstehung der getrennten Kirchen nach dem Konzil von Chalkedon im Jahr 451 keine Kirchenunion mehr gegeben. Für die lokalen Eliten waren offenbar andere Kriterien wichtiger als die trennende Christologie.

In letzter Zeit arbeiten ganze Forschungsverbünde über Mischehen, religiös gemischte Familien und Religionswechsel.[181] Auch hier ist zu sehen, dass die unterschiedlichen religiösen Gruppen beileibe nicht so klar voneinander getrennt waren, wie die Normen es forderten. Auch uns wird bei der Bearbeitung der Daten zur religiösen Konstellation in Städten[182] immer wieder bewusst, wie schwer es ist, Religionsgruppen an einem Ort zu bestimmen. Nicht nur sind die Quellen dafür oft nicht konkret genug, sondern vor allem ist oft unklar, welcher Lehrmeinung sich Gemeinden genau zugehörig fühlten. So mag es beispielsweise seit dem späten 9. Jahrhundert eine Unterscheidung zwischen Karaiten und Rabbaniten im Judentum gegeben haben. Doch war diese Unterscheidung für Juden nicht überall von Belang, ja nicht einmal bekannt. Gerade in den ersten Jahrhunderten entwickelten sich die Religionen dynamisch weiter, wurde dogmatisch experimentiert, waren viele theologischen Entscheidungen noch nicht gefällt. Die religiöse Zugehörigkeit und ihre Grenzen wurden auch unter christlicher Herrschaft immer wieder neu definiert, vor allem im Häresiediskurs.

So kommt damit die Frage in den Blick, was Zugehörigkeit zu einer Religion im Mittelalter überhaupt bedeutete. Soziale Bindung, politische Loyalität und rechtliche Definition waren dabei besonders wichtige Faktoren. Die Doxa waren Teil des Prozesses, sie gehören zur Geschichte der Bildung von religiösen Gruppen dazu – sie waren nicht einfach deren Ursache. Dabei ist es eine Einsicht der frühen Religionssoziologie, dass Orthodoxie nie ohne Heterodoxie besteht und dass jede Grenzziehung gleichzeitig diejenigen verbindet, die sich über diese Abgrenzung gegenseitig definieren.[183] Dies lässt sich auch über die Beziehung

---

179 Unter anderem *Mat Immerzeel*, Holy horsemen and crusader banners. Equestrian saints in wall paintings in Lebanon and Syria, in: Eastern Christian Art 1 (2004), 29–60, hier: 43 und Pl. 17.
180 Vgl. *Weltecke*, Multireligiöse loca sancta (wie Anm. 173), 88–89.
181 So zum Beispiel das Center for the Study of Conversion and Inter-Religious Encounters an der Ben-Gurion University of the Negev: http://in.bgu.ac.il/en/csoc/Pages/About.aspx (18.11. 2019), vgl. *Uriel Simonsohn*, The legal and social bonds of Jewish apostates and their spouses according to gaonic responsa, in: The Jewish Quarterly Review 105/4 (2015), 417–439.
182 S. oben Anm. 136.
183 *Ernst Troeltsch*, Gesammelte Schriften, I. Die Soziallehren der christlichen Kirchen und Gruppen. Tübingen 1912.

zwischen den großen Religionen sagen. Sie entwickelten sich im Austausch auch und gerade, wenn sie sich voneinander abgrenzten, ganz unabhängig davon, wer numerisch in der Mehrheit oder Minderheit war. Israel Yuval hat daher in einem aufsehenerregenden Buch das aschkenasische Judentum und das lateinische Christentum als Zwillinge dargestellt.[184]

Nicht zuletzt wandelten sich religiöse Identitäten im Lauf der Jahrhunderte. Bei gleichbleibenden Selbst- und Fremdzuschreibungen mochten sich die damit verknüpften Inhalte verschieben. Auch scheinen unterschiedliche Kategorien der Zugehörigkeit ineinander überzugehen, wenn sich religiöse Gruppen als Ethnien empfanden oder umgekehrt.[185] Vor allem aber gab es auch im Mittelalter nicht nur eine einzige Identität. Menschen hatten gleichzeitig Anteil an unterschiedlichen sozialen Gruppen und Kulturen. Man war nicht nur Christ, sondern beispielsweise christlicher Arzt in einer Stadt in der Levante. Damit unterschied man sich von Webern oder von anderen Christen und war sich dessen bewusst, zum Beispiel von Christen in Mesopotamien, selbst wenn man der gleichen Kirche angehörte wie diese. Die lokalen Zugehörigkeiten verbanden Menschen unterschiedlicher Religionen auch miteinander, wenn sie zum Beispiel um ihre Stadt kämpften, wenn sie miteinander denselben Dialekt sprachen oder wenn sie dieselben Kleider und Festgebäcke liebten.

Kunst und materielle Kultur

Dazu passen neuere Forschungen in Archäologie und Kunstgeschichte. Die Zeugnisse der materiellen Kultur erlauben eine weitere Perspektive auf das Zusammenleben der unterschiedlichen religiösen Gruppen. Zwar konnte auch die darstellende Kunst polemisch und verletzend sein. Aber die materiellen Überreste haben noch sehr viel mehr Befunde zu bieten. 1996 wurde ein großer jüdischer Friedhof in Armenien entdeckt, von dem anfangs des 20. Jahrhunderts nur ein Grabstein bekannt gemacht worden war. In der ersten Kampagne wurden 42 Steine aus dem 13. und 14. Jahrhundert gefunden und untersucht; weitere folgten. Sensationell war der Fund aus mehreren Gründen: Erstens war aus dieser Region bisher nichts über eine jüdische Besiedlung bekannt, wie man denn überhaupt

---

184 *Israel Jacob Yuval*, Zwei Völker in deinem Leib. Gegenseitige Wahrnehmung von Juden und Christen in Spätantike und Mittelalter. (Jüdische Religion, Geschichte und Kultur, 4.) Göttingen 2007 (original 2000).
185 *Marina Rustow*, Karaites real and imagined: Three cases of Jewish heresy, in: Past and Present 197 (2007), 35–74; *Bas ter Haar Romeny*, Religious origins of nations? The Christian communities of the Middle East, in: Church History and Religious Culture (Sonderheft) 89 (2009).

sehr wenig über Juden im mittelalterlichen Armenien weiß.[186] Die recht großen und sorgfältig bearbeiteten Steine selbst verrieten noch mehr über ihre Auftraggeber. Die Gemeinde war einerseits gut in der rabbinischen Tradition, also in der jüdischen Welt der Zeit, verankert. Sie war aber gleichzeitig bestens mit der Gesellschaft der Region vernetzt und gab die Steine bei denselben Steinmetzen in Auftrag wie vornehme Armenier.[187] Bei der archäologischen Untersuchung des Ortes und der umliegenden Region kommen fortlaufend weitere Gegenstände zum Vorschein, die die Existenz einer multireligiösen Welt von Juden, Christen und Muslimen bezeugen, die ebenfalls aus Schriftquellen nicht bekannt ist.[188]

Auch in deutschen Landen beauftragten Juden und Christen dieselben Steinmetze für ihre Grabsteine.[189] Für ihre prachtvollen Bücher und für die Luxusgegenstände des Hauses suchten sie dieselben Künstler und Kaufleute auf. Dieselben Werkstätten fertigten für Auftraggeber unterschiedlicher Religionszugehörigkeit. So sehr es auf der Hand liegen mag, dass die Bewohner eines Ortes sich an dieselben Spezialisten wandten, es lohnt dennoch, darüber nachzudenken: Die Gegenstände verkörpern intensives Interagieren, das solche besondere Geschäfte begleitete. Sie bieten daher eine den Polemiken und der Forderung nach sozialer Trennung gänzlich entgegengesetzte Perspektive.

Viele Bereiche der materiellen Kultur waren überdies weniger stark religiös markiert. Motive und Moden verbreiteten sich über die Religionsgrenzen hinweg. Man sieht vielen Gegenständen aus Asien oder Europa nicht an, ob sie von Juden, Christen oder Muslimen in Auftrag gegeben wurden. Daher ist in der Forschung auch von einem dritten, neutralen Raum gesprochen worden, auf dem sich Angehörige unterschiedlicher Religionen begegnen konnten.[190] Bei der Interpretation kunstvoller Gegenstände kann dies zu einigem Rätselraten Anlass geben, weil sie mitunter nicht nur keine eindeutigen religiösen Zeichen tragen, sondern gar

---

186 *Davit Amit/Michael Stone*, Report of the survey of a medieval Jewish cemetery in Eghegis, Vayots Dzor region, Armenia, in: Journal of Jewish studies 53/1 (2002), 66–106; *Michael Stone/Davit Amit*, The second and third seasons of research at the medieval Jewish cemetery in Eghegis, Vayots Dzor region, Armenia, in: Journal of Jewish Studies 57/1 (2006), 99–135.
187 *Amit/Stone*, Report (wie Anm. 186), 74–75.
188 Vgl. die Ergebnisse eines Surveys unter der Leitung von Zara Pogossian/Bochum, die eine weitere Erforschung und die Einordnung des Friedhofs in der sozialen, religiösen und wirtschaftlichen Landschaft ankündigt: https://www.jewseast.org/single-post/2019/03/05/Searching-for-Traces-of-Jews-in-Medieval-Armenia-A-Field-Trip-to-the-Jewish-Cemetery-of-Yeghegis (18.11.2019).
189 *Susanne Härtel*, Jüdische Friedhöfe im mittelalterlichen Reich. Berlin/Boston 2017.
190 *Sarit Shalev-Eyni*, Jews among Christians. Hebrew book illumination from lake Constance. Turnhout/London 2010.

Motive aus dem Repertoire mehrerer Religionen gleichzeitig.[191] Das dafür nötige analytische Instrumentarium wird daher gegenwärtig verfeinert und geht über die kunsthistorische Kategorie von „Einfluss" oder gar über die Vorstellung einer Assimilation von Minderheiten hinaus. Auch der Begriff der „Toleranz" erweist sich bei der Interpretation der kulturellen Teilhabe als irreführend. Zwar sagt eine gemeinsame Formensprache viel über das Zusammenleben aus, aber wenig über religiöse Haltungen. Warum bestimmte Formen übernommen wurden, muss daher jeweils bestimmt werden. Dies mag der Hinweis auf die islamischen Motive im sogenannten Mudéjar-Stil an den Höfen und Kirchen der christlichen Könige der Iberischen Halbinsel andeuten:[192] Die Integration solcher Formen kann nämlich auch Überlegenheitsgefühl und Vereinnahmung ausdrücken. Insgesamt erhalten die Termini „Islamische Kunst" oder „Gotik" durch diese Forschung überhaupt eine neue Fragwürdigkeit und eine neue Füllung.[193]

Dass die gemeinsame Teilhabe an der materiellen Kultur nicht mit Anpassung zu verwechseln ist, zeigt zum Beispiel die Darstellung eines feinen Herren, der sein Haus für das Pessach-Fest vorbereitet (Abb. 2).

Die Miniatur stammt aus einer hebräischen Prachthandschrift, die in Ulm in der zweiten Hälfte des 15. Jahrhunderts hergestellt wurde. Sie wurde nach Landsberger von dem namentlich bekannten jüdischen Schreiber, Meir Jaffe aus Heidelberg, von der Schrift über die Illumination bis hin zum Ledereinband von einer Hand gestaltet.[194] Lebhafte bunte Vögel sitzen auf einer Stange, die die Initiale als feinen Wandbehang halten. Der Mantel und die Mütze des jüdischen Herren sind mit Pelz besetzt, der prächtige Schrank mit Beschlägen und farbigen Einlagen. All dies und seine fleißige Aktivität, die Reinigung des Schranks vom Gesäuerten, zeigt das Haupt des Hauses gleichzeitig in seiner selbstbewussten

---

191 Vgl. die bisher nicht befriedigende Interpretation der sogenannten Freer Canteen in Washington: *Teresa Fitzherbert*, The Freer Canteen: Jerusalem or Jazira?, in: *Margaret Graves* (Hrsg.), Islamic art, architecture and material culture. New perspectives. Oxford 2012, 1–6; *Heather Ecker/ Teresa Fitzherbert*, The Freer Canteen. Reconsidered, in: Ars Orientalis 42 (2012), 176–193.
192 Hier nur das breit gefächerte Ergebnis einer Tagung, die eine größere Ausstellung begleitete: *Gonzalo M. Borrás Gualis* (Hrsg.), Mudéjar. El legado „Andalusí" en la cultura Española. Zaragoza 2010; zur Problematisierung des Begriffes „mudéjar" das preisgekrönte Buch *Ana Echevarría Arsuaga*, The city of the three Mosques. Ávila and its Muslims in the Middle Ages. Wiesbaden 2011.
193 Z.B. *Katrin Kogman-Appel*, Jewish art and cultural exchange. Theoretical perspectives, in: Medieval Encounters 17/1–2 (2011), 1–26 und weitere Arbeiten von Kogman-Appel; *Shalev-Eyni*, Jews among Christians (wie Anm. 190); *Bas Snelders*, Identity and Christian-Muslim interaction. Medieval art of the Syrian Orthodox from the Mosul area. (Orientalia Lovaniensia Analecta, 198.) Leuven 2010.
194 *Franz Landsberger*, The Cincinnati Haggadah and its decorator, in: Hebrew Union College Annual (HUCA) 15 (1940), 529–558.

Abb. 2: Darstellung eines Herren mit Pelzmantel bei der Vorbereitung auf Pessach, First Cincinnati Haggadah, Ms. 444, f. 1v; courtesy of the Klau Library, Cincinnati, Hebrew Union College – Jewish Institute of Religion

Teilhabe an der gotischen Kultur und als Juden. Diese Teilhabe war eigensinnig. Die Auftraggeber erfanden und veränderten Motive, füllten sie mit neuen Bedeutungen und passten sie ihren Bedürfnissen an.

Schluss:
Getrennte Religionen, gemeinsame Kulturen

Die komplexe Dynamik von Diskriminieren und Privilegieren, von Kooperieren und Abgrenzen, von religiösen, sozialen und sprachlichen Identitäten, von Gewalt und Freundschaft stellt Historikerinnen und Historiker vor eine immense sprachliche Herausforderung. Denn die Moderne denkt dualistisch, in binären Gegensatzpaaren,[195] wie Frau/Mann, Mehrheit/Minderheit, tolerant/intolerant. Auch die Visualisierung auf historischen Karten ist noch nicht gelungen. Diese stellen überwiegend Territorien, seien es national, religiös oder ethnisch definierte, mit einer Farbe dar. Aber die mittelalterlichen Welten werden auch sonst besser in Abstufungen, komplexen Beziehungsgeflechten, in Pluralismen der Normen beschrieben.

Es ist also wichtig, sich dieser Dialektik zu stellen. Es gab keinen unausweichlichen religiösen Hass, der nur zu Zeiten zu einem fragilen Gleichgewicht fand. Diese Vorstellung ist empirisch nicht gerechtfertigt. Gleichzeitig ist es falsch, sich das Zusammenleben von Angehörigen unterschiedlicher Religionen im Mittelalter als harmonisch vorzustellen, nur weil so viel Austausch stattfand: Man übernahm spirituelle, kulturelle oder wissenschaftliche Elemente nicht, weil man die anderen Glaubensgemeinschaften besonders mochte, sondern weil man von deren Errungenschaften profitieren wollte. Tatsächlich hat die Kategorie Religion als soziale und rechtliche Ungleichheit im Lauf der Jahrhunderte die Abschließung der theologischen Traditionen befördert. Dies half den Geduldeten im Kampf um die eigene religiöse Identität und den Dominierenden bei der fortlaufenden Bestätigung ihrer Überlegenheit.

In jedem Fall war mittelalterliche Kultur nicht „christlich", sondern zum Beispiel in Konstanz lateinisch, hebräisch, deutsch, christlich und jüdisch. Sie war auch nicht einfach „islamisch", sondern zum Beispiel in Mosul arabisch, hebräisch, aramäisch und armenisch, islamisch, jüdisch und christlich. Es bleibt noch viel zu tun, diesen Sachverhalt differenzierter zu beschreiben. Für unsere Gegenwart bedeutet das jedoch, dass die Existenz der Religionen und das Zusammenleben unterschiedlicher Glaubensgemeinschaften das alte historische Erbe sind, das wir jetzt und künftig gestalten müssen.

---

195 *Albrecht Koschorke*, Ein neues Paradigma der Kulturwissenschaften, in: *Eva Eßlinger* et al. (Hrsg.), Die Figur des Dritten. Ein kulturwissenschaftliches Paradigma. Berlin 2010, 9–35.

Zu Person und Werk der Autorin

Dorothea Weltecke ist seit 2017 Inhaberin der W 3-Professur für das Späte Mittelalter an der Goethe-Universität Frankfurt am Main. Nach ihrem Studium der Geschichte, Semitistik und Kunstgeschichte an der Freien Universität Berlin, das sie im Jahr 2000 mit der Promotion zur Dr. phil. abschloss, und mehrjähriger Assistententätigkeit in Göttingen wurde sie 2007 auf die W 3-Professur für „Geschichte der Religionen" in Konstanz berufen. Sie wurde mehrfach mit Preisen ausgezeichnet und gehört zahlreichen nationalen und internationalen Beiräten und wissenschaftlichen Gremien an. Seit Oktober 2019 ist sie Senior Fellow am Historischen Kolleg München.

Dorothea Welteckes besonderer Schwerpunkt im Rahmen ihrer religionsgeschichtlichen Studien liegt auf dem sonst wenig beachteten Feld der orientalischen Christen. Dem entsprach schon ihre Dissertation über den syrisch-orthodoxen Chronisten Michael den Großen (12. Jahrhundert), die 2003 im Druck erschien (engl. Übersetzung in Vorbereitung). Berühmt geworden ist Weltecke durch ihre zweite, große Monographie, die sich dem Atheismus im Mittelalter widmete („Der Narr spricht: Es ist kein Gott." Atheismus, Unglauben und Glaubenszweifel vom 12. Jahrhundert bis zur Neuzeit. Frankfurt a. Main 2010). Am Historischen Kolleg München bereitet Weltecke ein Buch mit dem Arbeitstitel „Die drei Ringe: Religiöse Komplexität und die Entstehung der Religionen (7.–15. Jahrhundert)" vor.

www.ingramcontent.com/pod-product-compliance
Lightning Source LLC
Chambersburg PA
CBHW061945220426
43662CB00012B/2026